Ungewisse Zukunft / Wagnis des Morgen

Für eine Zukunft des Jetzt

Anthologie zugunsten „Ein Herz für Kinder" BILD hilft e.V.
Uwe Kraus + liebe Menschen

Uwe Kraus Herausgeber

Andreas Fillibeck, Birgit Heid Korrektorat
Vera Gniffke Titelbild
Dr. Max Langbein Coverbearbeitung

Novivitalis Serie No. 9

Liebe Leser/innen und Mitstreiter/innen,

eines Tages kam mir der Wunsch, etwas zu machen, das bleibt. Das tue ich hiermit; ich bin Pfadfinder und schütze die Umwelt und die Menschlichkeit, das Zueinander zu Jetzt von Mensch zu Mensch. Hier liegt eine Sammlung von Poeten vor, die sich mir anschlossen und für einen Erlös für „Ein Herz für Kinder" künstlerisch tätig zu werden und zu schreiben! Man ist dem Ruf des Herzens gefolgt!

So lasst mich euch danken, dass Ihr helft und gut seid, für die, die Hilfe brauchen!

Um mit den Worten Baden Powells zu sagen:

„Versucht, diese Welt ein wenig besser zu verlassen, als ihr sie vorgefunden habt"

Somit schließe ich meine Ausführungen. Bleibt wachsam und achtet eure Mitmenschen im Jetzt, sowie in der Zukunft.

Euer

Uwe Kraus

Bibliographische Information Der Deutschen Biblio-
thek:Die Deutsche Bibliothek verzeichnet diese Publi
kation in der Deutschen Nationalbibliographie; detail-
lierte bibliographische Daten sind im Internet über-
http://dnb.ddb.de abrufbar.

Erstausgabe 2019

Herstellung und Verlag: BoD- Books on Demand, Norderstedt

ISBN: 9783750408388

Die Zeitmaschine

Auch wenn manch einer drüber lacht,
hat jeder schon mal dran gedacht,
dass es toll wär und ganz nett,
wenn man 'ne Zeitmaschine hätt.
Ich könnte manches neu beginnen;
die Zeit könnt durch die Finger rinnen,
und wenn´s vorbei, es wär egal,
ich mach es eben noch einmal!
Würde kaschieren, was geschah,
und Dinge, die nicht wunderbar
und optimal gelaufen sind,
einfach ändern ganz geschwind.
In der guten alten Zeit,
Dinge, die man heut bereut
anders machen, korrigieren,
und gar Peinliches kaschieren.
Mit der Erfahrung, die man hat,
würde man doch sicher glatt
einiges ganz anders machen
und vermeiden manche Sachen.
Vieles nicht sagen, was gesagt,
und öfter einmal nachgefragt.
Müsste kaum etwas bereuen,
könnte mich am Leben freuen.
Doch ist das gut? Denn ich wär
sicher nicht derselbe mehr
ohne die gemachten Fehler!
Säße zwar am vollen Teller,
dennoch würd es mir nicht schmecken,
müsst ich nie die Wunden lecken,
und es ehrlich mir verdienen,
dass es läuft auf graden Schienen.

Vielleicht ist es gar nicht schlecht,
hat man nicht immer vorher Recht.
Und nicht die Konsequenzen kennt,
die Veränderung bringen könnt.
Aus Misserfolg entsteht oft Kraft
mit der man vieles besser schafft.
Denn ohne Fehler zu begehen,
bleibst am selben Level stehen!
Was würde uns das Leben lehren,
könnten wir untern Teppich kehren
alles, was so schief gegangen,
in so vielerlei Belangen?
In der Freundschaft und der Liebe
setzt es zuweilen eben Hiebe,
die zwar wehtun, doch auch heilen,
hängt man einmal in den Seilen.
Man kann nichts ändern, was geschehen,
nur versuchen, zu verstehen,
dass kein Unglück sinnlos ist,
welches besser man vergisst.
Zumindest es noch dann und wann
als schlechtes Beispiel dienen kann.
So ist ein „Was wäre, wenn?"
nichts wert, wenn ich die Wahrheit kenn.
Und die ist, dass ich nichts weiß!
Spekuliert man drüber noch so heiss,
es ist, wie's ist, nicht änderbar,
steht nun mal fest, soviel ist klar.
Zeitmaschinen gibt es nicht,
mit denen ich die Zukunft richt
Wenn doch, mach ich mir keine Sorgen,
Hol mir die Lottozahlen von morgen!
© **DerPoet** 04/19

© Malgorzata Rosenblatt

© Nina Krauß

Sommerblues

1. Mit den Knien im Wellentief,
Sandgeprassel im Gesicht,
schäumend peitscht die See den Strand,
Gischt und Schaum zum Meeresrand ...

2. Die Menschen springen in die Wogen,
glücklich die Gesichter lachen,
nichts scheint Lebenslust zu plagen,
die Nachtgedanken, sich vertagen.

3. Dunkle Wolken ziehen weiter,
am Firmament die Sonne strahlt,
der Himmel scheint heut blau und heiter,
laut der Wellen Echo hallt.

4. Drachen fliegen, Surfer steigen,
aus den Fluten in die Luft.
Herzen schlagen, Lungen atmen,
salzig reinen Meeresduft.

5. Friedlich wandern manche Menschen,
redend oder schweigen still,
Kinder strahlen um die Wette,
jeder macht das, was er will.

6. Es scheint, als wollten sie der Welt heut sagen,
sie ist kein Ort für Schmerz und Dramen,
Waffen müsst ihr auch nicht tragen,
Ich gewiss würd´ s nicht beklagen.

7. Gebärt das Leben, lasst euch führen,
von der Unschuld unserer Kinder,
die noch ungeboren warten,
auf ein Leben ohne Winter.

8. Was immer für Probleme sind,
man kann sie lösen, ganz bestimmt,
wenn wir einander hören würden
und jeder ein Stück Welt bestimmt.

© **Kerstin Kant**, Nordwijk aan Zee/ NL, 9.08.2014
(geschrieben auf der Rückfahrt im Bus,
nach einem wunderbaren friedlichen Tag am Strand)

Die Ringe
Fügen
Sich

Sie ergeben
Die Kette
Des Lebens.

Es jauchzt und trauert.
Es weint und heilt.
All das heißt Leben.
Gemeinsam oder allein.
Im Verband, verbunden oder un
Gebunden.
So.

© Florian B.

Storch

Als endlich
Die Rose
Erblühte,
Ihren Duft zu
Verstrahlen

Erhob sich der
Storch aus Ostwest
In die Lüfte, die
Rochen wie
Einstmals und seit ewige Zeiten.

Er fliegt durch die Weiten
über dem Horizont,
In Himmelblau eingetaucht.
So weißrosarotschwarz die Anmut.
Lasst es uns ebenso wagen.

© **Florian B.**

Der liebe Frosch
(für Renate)
Es lebte einst in seinem Teich
ein weiblich Frosch, und zwar allein.
Der Teich war zwar an Fliegen reich,
allein; das konnte es nicht sein...
Da fehlt doch was, dachte sie sich:
Ich hab zwar Futter um zu fressen,
doch eigentlich ist es für mich
ja wirklich nicht zu sehr vermessen
wenn ich mir wünsch, nicht ganz allein
und ohne Freund hier so zu leben.
Ich möcht nicht länger einsam sein
und werde nach Veränderung streben.
So dachte unser kleines Fröschlein
und quackte leise vor sich hin.
Es kann doch einfach nicht so sein,
dass ich hier ganz alleine bin!
Sprach es und hüpft aus seinem Reich
raus auf die Wiese auf´nen Baum
und dort begann sie dann sogleich
sich einmal richtig umzuschau'n.
Und was sie sah, gefiel ihr gleich,
denn was da in der Ferne schimmert
war Wasser von´nem and'ren Teich.
Das Herzerl von dem Frosch gleich hämmert!
Ob da vielleicht auch Frösche sind?
fragt unser Froscherl ganz erregt.
Ich find es raus, denkt's und beginnt
zu hüpfen – weil sich's so bewegt.
Es hüpft also über die Wiese
in Richtung unbekanntes Land.
Vorbei an einer Kuh (der Liese),
bis es das neue Ufer fand.

Dort angekommen hielt sie inne.
Sie setzt am Teichrand sich ins Gras
und horcht auf eine andre Stimme.
Vielleicht quakt da ja auch irgendwas?
Und wirklich, bald ist was zu hören...
Es hört sich höchst verdächtig an.
Das kleine Fröschlein könnt es schwören:
Das klingt nach einem Frösche-Mann!
So bewegt sich unser liebes Tier
halt in Richtung vom Gequake
und sie findet - welch Pläsier –
ihren Frosch in einer Lacke
direkt vor dem großen Teich.
Damit endet die Geschichte.
Die Moral verrat ich gleich:
Auch über Frösche gibt's Gedichte!
(Und wer's zu Ende wissen will:
Die Frösche sind ab nun ein Paar!
Eins schreib ich noch, dann bin ich still:
Ich find das einfach wunderbar!)

© **DerPoet** (10/01)

Das Lachen dieser Welt

Du bist ein Geist so voller Leben,
Das kannst du jedem weitergeben.
Es liegt die Kraft in jeder Tat,
Weil jeder Mensch so viel vermag.
Egal wie viele schlechte Träume.

Du kletterst weiterhin auf Bäume.
Du bist ein Kind des vollen Glücks,
Und springst da rein - Blick nicht zurück.

Lauf immer vorwärts nie nach hinten,
Und wenn du mal beginnst zu sprinten,
Dann siehst du all das Glück der Welt,
Das kauft ein Reicher nicht mit Geld.

© Nina Krauß

Leben im Jetzt

Gott sei Dank, dass wir nicht wissen,
was wir übermorgen müssen.
Ach, wie wär das Leben schwer,
gäb' es keine Zukunft mehr.

Wenn wir heut' schon müssten denken,
wie wir künftig alles lenken
und wir könnten niemand fragen,
gäb's am Ende nur Versagen.

So leben wir nun im Moment,
der grade ist und doch schon rennt.
Was eben war, ist schon vergangen,
die Momente gilt es einzufangen.

© Ekkehard Walter 2019

glutwelle

langsam rollen die wellen vorwärts,
gischt steigt auf dem glitzernden wasser
bleiglut, hitzenester,
feuerwolken stoben am ziehenden sonnengeflecht
gartenstühle japsen nach wasser.

eilig wird die promenade begangen,
unten am strand tummeln sich touristen,
manche mit frisbee bewaffnet.
einer steigt in den ballon des teufels
und kämpft um schatten

nitrosamine mehren sich auf tattoowierter haut.

ich suche dich im getümmel.
dann der blick zur bank
trolleys ziehen in hotels
die bar wird abgespült.
ein bitter lemontropfen auf deinem zerknirschten lächeln:

du schon wieder höre ich meine alphawellen empfangen,
ja. Ich liebe dich nämlich!

ich lass nicht los, egal was kommt....

© **Uwe Kraus** den 26.06.2019

Sicher ?

ich sah mich um
Auf dem Acker liegt Plastikmüll
Die Meere sind schwarz vor Öl
Die Luft trägt tödlichen Smog
Die Technologie fordert ihren Tribut
Die Menschen werden krank
Von ihren Errungenschaften
Aber sie machen weiter
Immer mehr Blödsinn wird verkauft
Dabei erkranken ihre Nachkommen
Und sie essen Kunstfleisch und Kunstkäse
Und bestrahltes Gemüse mit Haltbarmilch
Das heißt die denen es besser geht
Die andern haben kein Geld und nichts zu essen
Anderswo weit weg
Da müssen wir nur zusehen dass
Die nicht herkommen weil sie
Krankheiten herbringen die wir nicht haben
weil wir andere haben von unserm Wohlstand

Die Zukunft ist nicht ungewiss
Es wird und muss etwas passieren
Etwas Gravierendes
Und wir dürfen uns da nicht schrecken
Es muss etwas gemacht werden
Damit wir überhaupt noch
Eine Zukunft haben

© **Elisabeth Arkana**

Ungewissheit des Morgen (biografisch)

Er war ein zerstörter Kopf, ein seelenloser Poet, ein
Verlorener, der in den stinkenden Gedanken
ertrank, und der, wie von einer Welle nach unten
gezogen nicht mehr wusste, wo oben und wo
unten ist.
Ein Weinertrunkener, in der Hilflosigkeit zuckender,
ein mit sich selbst unversöhnlicher und zu oft
platonisch Geliebter,
der sich in den Erinnerungsfetzen der
Vergangenheit zu
suhlen versuchte.
Nur manchmal war da diese Verklärung, in die er
sank,
sodass ihn die Zeit verliess und der Atem
unbewusst noch ging, obwohl er nur noch an
einem seidenen Faden von Traum hing und sein
Urinstinkt am sinnlosen Leben auch nur noch
festhielt.
Wozu noch? Wozu noch? Wozu noch schwimmen?
Seine Arme waren lahm und sein Wille von der
Wasserstoffbombe in seinem vibrierend
verzweifelten Hirn langsam zerbrochen.
Wozu noch? Wozu noch? Wozu noch weiter im
blauen Pool der einsamen Poesie ertrinken? In dem
unwirklichen Sog der Vergangenheit tollen und
hoffen, dass er eines Tages mal noch wieder ins
verfickte Leben zurücktorkeln und durch die Liebe
einer Einzelnen, vollkommenen Frau - gerettet
werden könnte?
Ja!

© **Mick Haesty** L'Artyrik CH/D 21/06/2019

Gestohlene Kindheit

Sein Leben
zart wie eine Knospe
geschlossen und klein

Kälte
riss die Blätter
auseinander
bis das Innere
sichtbar wurde

Der Wind trug sie davon
die Jahre der Blüte

★Annerose Scheidig 1993

... und die Hoffnung stirbt zuletzt ...

© **Annerose Scheidig**

Dunkelsommer

Der Tag hüllt sich in Fetzen,
das Festgewand vermodert,
zwischen nässenden Wolken.

Wo ist das Licht geblieben,
stetig suche ich es,
und ertrage es doch nicht.

Ich liebe den Schatten,
der mir Schutz schenkt,
mich vorbehaltlos
mit Geborgenheit umgibt,
ohne zu fordern,
ohne Ansprüche zu stellen.

Licht und Schatten
sind Zwillingskinder.
Mond und Sonne,
Tag und Nacht,
hell und dunkel,
das eine existiert nicht
ohne das andere.

Leben ist eine Symbiose,
aus Weiß und Schwarz.

© Birgit Burkey-Dearing

Elfchen mit Yves (Kinderelfchen)

Drachen
Drachen Wald
Drachen des Waldes
Drachen brüllen im Wald
Drachengebrüll

© **Alexandra Herzog Galli mit Yves Galli**   2009-11-11

TRÄUME

Träume kommen, Träume gehen.
Sie sind nicht von dieser Welt.
Seele will mir etwas sagen,
Träume kommen unbestellt.

Mit den Wolken kann ich ziehen,
auf den Winden brausend reiten,
über Höhen leichtes Schweben,
über Meere sachtes Gleiten.

Wunderschale gilt es zu suchen,
golden Vlies den Weg mir zeigt.
Ruhm und Ehre soll es bringen
und ich bin nicht abgeneigt.

Letztes Einhorn mein Begleiter,
Feuervogel voller Pracht,
Träume bergen ein Geheimnis:
kam nicht drauf--- bin aufgewacht.

© Erika Hein

© Erika Hein

Rettet die Welt.

Lüge nicht wenn die Hähne kräh´n
Wenn die Sonne untergeht
Denke nicht
Wenn der Tag erwacht
Sondern schlafe
Schlafe
Bis du geweckt wirst
Und nicht mehr lügen brauchst

Beeil dich wenn du leben willst
Rieche die Luft
Solange sie da ist
Genieße
Die Tage
Solange sie hell sind
Denn wenn es dunkel wird
Ist das Leben vorbei

Singe nicht wenn die Vögel verstummen
Schreie schreie
Wenn du noch schreien kannst
Laufe
Den weiten Weg entlang
Bis zu den Steinen
Damit sie weinen
Was du nicht mehr kannst

© Günter Vallet

Sehnsucht

Ich denke an die langen Tage
Die ich ohne Sinn verbracht
Denn hoffnungslos schien meine Lage
Trostlos schien für mich die Nacht

Am Himmel leuchten keine Sterne
Dunkel bleibt das Firmament
Kein Hoffnungsschimmer in der Ferne
Böses das kein Mitleid kennt

Kein stiller Trost kann mich erreichen
Ungetröstet bleibt mein Ohr
Die trüben Geister sollen weichen
Reine Freude komm hervor

Damit die Tage schöner werden
Zünd ich alle lichter an
Mich selbst will ich dazu bekehren
Wie man glücklich leben kann

© **Günter Vallet**

Rum is rum!

Wie schade,´s is die Zeit jetzt rum
wu mir uns hänn getroffe.
Ich bin als kilometerweit
zum Randewu geloffe.

In d´ Aache hän mir uns geguckt
un dodebei verzehlt,
es war ä wunnerschääni Zeit
und mir hot gar nix g´fehlt.

Es hot halt alles doch sei Zeit,
mer bleibt net ewich jung,
ach wammer schbeeter älter werd,
´s bleibt die Erinnerung.

© Heinz Ludwig Wüst

Schau in den Spiegel

– Mensch – schau in den Spiegel und sage:
„Mensch – du Mensch, dem man gesagt hat er soll sich die Erde untertan machen. Du hast vieles kaputt gemacht und du machst vieles noch kaputt! Du hast das Kleinste, den Atomkern gespalten um Menschen zu töten. Du hast das Kleinste, den Atomkern gespalten um immer mehr und billigen Strom zu erzeugen! Und was machst du mit dem Abfall, mit den Fässern, die im Salzstock dahin korrodieren mit Halbwertzeiten, die manches Lebensalter übertreffen? Du willst alles, schnell, schneller, billig, billiger und immer wieder noch mehr! Du kaufst im Internet und willst, dass es dir der Handwerker einbaut, der keinen müden Cent daran verdient hat. Auch das soll er so billig wie möglich dir erbringen, soll gewährleisten, dass es einwandfrei funktioniert und soll dann vielleicht noch lange auf sein Geld warten!
Du gehst in den Supermarkt auf der grauen Wiese, weil du dort alles auf einmal kriegst, billig und immer wieder billiger, wie du meinst! Du gibst dem Tante-Emma-Laden keine Chance mehr zu existieren! Erst wenn du nicht mehr ohne Auto beweglich bist und nicht mehr zur grauen Wiese fahren kannst – nur noch auf andere angewiesen bist, wirst du merken Mensch, was du dir kaputt gemacht hast! Du lässt dir weiß machen, dass du die Mehrwertsteuer geschenkt bekommst wenn du dort in dem Geschäft einkaufst, das damit wirbt. Dir fällt diese Augenwischerei vor lauter Gier gar nicht mehr auf! Die Großen machen sich selbst einander zugrunde bis nur noch wenige davon da sind und werden dir einmal die Preise diktieren, die Ihren Umsatz- und Erfolgs-
zahlen und ihren aufsteigenden Statistiken zum Höhepunkt verhelfen. Du wirst eines Tages nicht mehr das feine Brot deines Bäckermeisters aus der handwerklichen Backstube

genießen können, wenn alles Vorgefertigte aus dem Backautomaten kommt!

Vielleicht wirst du auch nicht mehr die freundliche Fleischereiverkäuferin fragen können, welche Wurst sie dir empfiehlt und die dir mit einem herzlichen Lächeln einen schönen Tag wünscht! Auch wenn dein Abwasser nicht mehr abfließt, der Wasserhahn nicht mehr zu tropfen aufhört und du tagelang kalt sitzen musst, weil die wenigen Handwerker nicht mehr in der Lage sind, all diesen Arbeiten schnellstens nachzukommen, wird dir etwas fehlen!"

Nicht die anderen sind daran schuld. Nein – du Mensch, du – und man hat dir gesagt, du sollst dir die Erde zu Untertan und nicht kaputt machen.

© **Heinz Ludwig Wüst**

...schau in den
Spiegel-
Mensch

HLW

© **Heinz Ludwig Wüst**

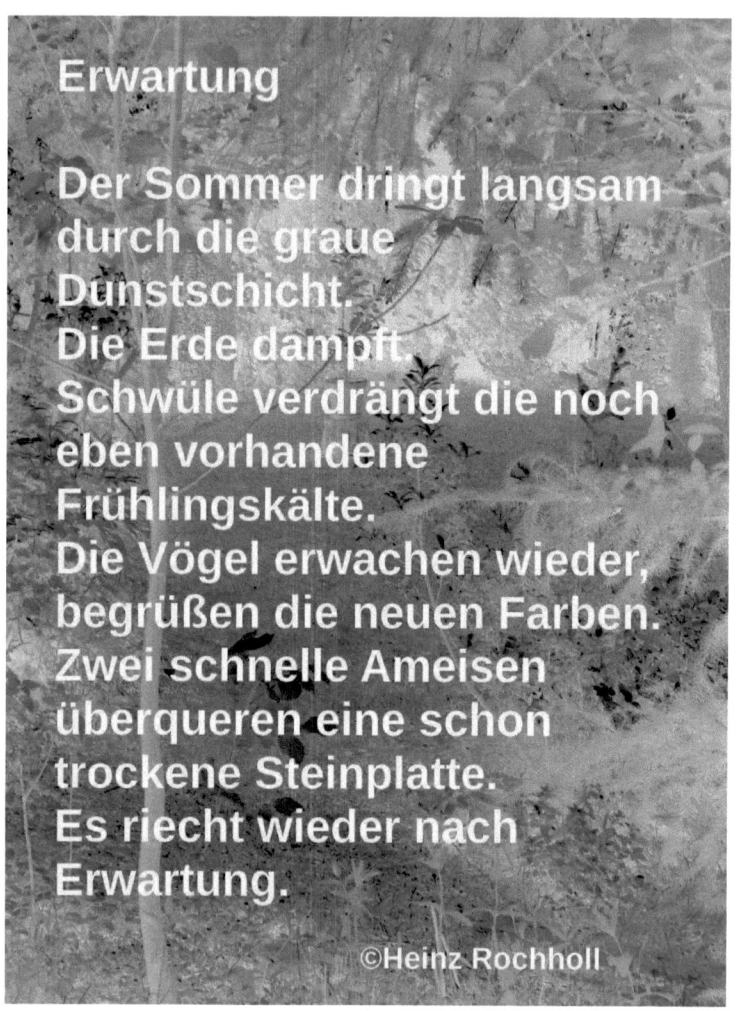

Erwartung

Der Sommer dringt langsam
durch die graue
Dunstschicht.
Die Erde dampft.
Schwüle verdrängt die noch
eben vorhandene
Frühlingskälte.
Die Vögel erwachen wieder,
begrüßen die neuen Farben.
Zwei schnelle Ameisen
überqueren eine schon
trockene Steinplatte.
Es riecht wieder nach
Erwartung.

©Heinz Rochholl

© Heinz Rochholl

Der Berg (Teil 1)

Vor mir, berghoch und bergweit eine Wand,
gegen die ich laufe.
Ich komme nicht hindurch, nicht hinüber und nicht vorbei.
Klein und schmal bin ich, dünnwändig und ängstlich.
Ich versuche es immer wieder. Ich muss auf die andere Seite,
ich muss dieses Hindernis überwinden, aber wie?
Ich stehe vor der Wand und zittre.
Ich stehe vor der Überwindung, die ich nicht schaffen werde.
Ich gebe auf.
Es geht nur bis hierhin und keinen Schritt weiter.
Ich resigniere.

© Anita Jurow-Janßen

Der Pfad (Teil 2)

Ganz leise erkenne ich ihn, den Pfad.
Ich wollte schon umkehren, zurück in die Verzweiflung.
Es war das Licht, die Sonne, die den Pfad aus dem Schatten
zog.
Ich gehe los, langsam aber zielstrebig.
Ich folge dem Pfad. Ich weiß nicht wohin der führt,
aber ich muss es schaffen, auf die andere Seite zu kommen.
Ich weiß, nur dort ist die Zukunft.
Licht am Horizont
Trübsal war mal, Freude kehrt ein.
Der kleine helle Punkt in mir ist zu
einer Sonne geworden.
Eine Sonne, die mein Herz erwärmt.
Ich spüre die Strahlen durch meinen Körper
fließen, und mir wird ganz warm.
Ich genieße die Wärme und spüre,
wie die letzte Kälte meinen Körper verlässt.
Ich atme auf.
Ich lebe wieder.

© Anita Jurow-Janßen

WIR HABEN…

wir haben die kindheit zugeschüttet
dachten vielleicht rührt sie sich nicht
wenn wir so tun, als wüchsen reichlich
blumen, margeriten und butterblumen
auf dem boden mit schwerer erde
die wir zugestampft und glatt gestrichen
wachsen von ganz allein - anders als
kinder - und dazwischen grünem gras
wucherte das vergessen über nacht
fanden den weg nicht mehr zurück
unter dornen gestrüpp und manns
hohem farn ging sie verloren
--- suchend
im dunkel verschatteter träume mit
weißen gespenstern schwebend durch
korridore, knarrende dielen und leere
zimmer --- in denen der mond bleich
süchtig durchs fenster blickt
holen sie uns ein und rütteln mit
fester hand an verschlossenen türen
den vorgeschobenen riegel der furcht
öffne und siehe - sie wollen dich
---- trösten

© Dagmar Herrmann

Ach, hörten es doch alle,

das lied der kinder am abend ...
abendlied, morgenlied,
lied an die sterne,
liebeslied des mondes,
lieder auf dem karussell gesungen,
weiße tauben, notenblätter in alle welt
tragend,
stimmen wir an das lied der kinder,
gemeinsam
es soll einen bogen spannen
der melodie der liebe,
von pol bis pol
vom sonnenaufgang bis sonnenuntergang
... ich höre sie singen die kinder
über dem himmelsbogen
die engel, glockenrein
fallen mit ein
alle, die horchen und still sein können es
hören

© Dagmar Herrmann

© Malgorzata Rosenblatt

© Mick Haesty

© Malgorzata Rosenblatt

© Perd Tina

Lieber Opa,

ich, Deine Enkelin wünsche Dir
alles Liebe und Gute
zu Deinem 68.- Geburtstag !
Ich wünsche mir für für Dich,
dass Du bis an Dein Lebensende weiterhin auf Dein
Bauchgefühl vertrauen kannst
und weiterhin von dort oben
geleitet wirst, denn dadurch kannst Du Dir immer selber hel-
fen, so wie Du mir geholfen hast.
Du bist nicht nur ein großartiger Autor, sondern auch ein ganz
besonderer Mann und Opa.
Wenn Du irgendwann im hohen Alter jemanden brauchst,
der Dir zur Seite steht,
dann werde ich für Dich da sein !

Deine Enkelin Malizia

(15.12.2018)

© Hans Jürgen Schulz

© Uwe Kraus

© Elisabeth Arkana

Statt zu lernen
Eingebildet' Mauern,
Sie werden unsere Geschichte
Mehrere Jahrhunderte noch überdauern:

Anstatt zu lernen
Aus den Fehlern uns'rer Väter,
Rennen wir
Genüsslich ins Verderben;
Wer den Zustand der Gesellschaft
Kritisch überdenkt,
Gilt als Vaterlandsverräter.

Die Geschichte lehrt uns:
Blut kann man nicht
Mit noch mehr Blut bezahlen.
Wer sich besiegt fühlt,
Schmiedet Rachepläne,
Ersinnt noch größ're Höllenqualen.
Will es dem anderen heimzahlen.

Eine Spirale,
Die sich dreht und wendet;
Statt diese zu beenden,
Und einen Schlussstrich zu setzen,

Geh 'n wir weiter
Auf dem Pfad der Hetzer.

So werden wir niemals frei sein;
Gefangen in des Hasses Kampf,
Leben wir in engen Grenzen,
Werden wir das Wörtchen Frieden
Nur als ein fernes Ideal
Uns vorstellen können.

© Perd Tina

Eins

Als ich aus dem dichten Baumbestand heraustrete und auf die Lichtung komme, die wegen der Hochspannungstrasse hier den Wald durchschneidet, stehen plötzlich hunderte schwarze, käferartige Insekten in der Luft. Es sind so viele, dass ich die zwanzig, dreißig Schritte durch die Käferversammlung nicht ohne Berührungen zurücklegen kann. Es sind schwerfällige Burschen mit herabhängenden, spitzen Leibern und stark limitierter Flugfähigkeit. Mit Mühe können sie sich gerade so in der Luft halten. Für Ausweichmanöver reichen ihre Künste nicht hin, sodass sie mit meiner Nase, mit meiner Wange und einmal sogar mit meinem Ohrläppchen karambolieren.

Im Übrigen sollte man bei diesem Käferaufkommen keineswegs von einer Käferwolke sprechen. Dafür sind es zu wenige. Vorhin, als ich mich ihnen noch näherte und ihre Käferhaftigkeit noch im Verborgenen lag, dachte ich zuerst an diese Rußflocken, die man bekommt, wenn man alte Plastiktüten oder Autoreifen verbrennt. Da stehen dann doch, wenn der Rauch sich verzogen hat, ein paar Sekunden lang pechschwarze Flocken in der Luft, die so langsam herabsinken, als würden sie an den Luftmolekülen kleben.

Daran dachte ich also zunächst und sah erst im Näherkommen, dass es Käfer waren, kohlrabenschwarz, so groß wie Stubenfliegen aber länglicher und jetzt denke ich: Ihr müsst verdammt schlechte Flieger sein, dass man euch mit Rußflocken verwechselt. Das ist, wenn man bedenkt, was man auf diesem Gebiet von der Natur sonst so geboten bekommt – ich muss es in dieser Deutlichkeit sagen: Unterste Schublade.

Zwei

Der erste reflektierte Sprechakt, an den ich mich erinnere, geht so: Ich gehe mit meinem Bruder Milch kaufen. Mein Bruder ist drei Jahre alt, ich bin vier. Jeder trägt eine Schoppenkanne aus Aluminium. Wir sind allein. Es sind keine Erwachsenen dabei. Die Sonne scheint. Wir gehen die noch nicht asphaltierte Straße entlang und vorne, wo sie auf den Schulhof stößt, müssen wir links abbiegen und genau das sage ich meinem Bruder, der an dieser Stelle weiter geradeaus will, sage: „Wir müssen hier abbiegen", verwende zum ersten Mal in meinem Leben das Wort „abbiegen".

In diesem Moment kommt ein Erwachsener, den wir nicht kennen, des Weges. Ich hatte ihn nicht bemerkt. Aber jetzt bemerke ich ihn und nehme sofort an, dass er Ohrenzeuge dessen war, dass ich „abbiegen" gesagt habe. Als der Mann auf unserer Höhe ist, schubse ich ihn und sage: „Geh weg!"

Ich war damals vier Jahre alt. Ich hatte schon tausende Wörter gelernt und also schon tausende Wörter zum ersten Mal verwendet und es gibt bei dieser Geschichte zwei Rätsel.

Erstens: Wieso ist die Erstbenutzung des Wortes „abbiegen" so dramatisch, dass mir die Zeugenschaft eines Fremden dabei peinlich ist? Zweitens: Wieso erinnere ich mich daran? Ein drittes Rätsel wäre: Warum erzähle ich Ihnen das?

Drei

Ich bin gerade in die Schule gekommen. Ein Klassenkamerad will sich mit mir verabreden, um mir etwas zu zeigen, was ich noch nie gesehen habe und von dem er mir auch nicht sagen kann, was es ist. Das überfordert mich, denn ich weiß nicht, wie das geht – sich verabreden, jemandem meine Anwesenheit versprechen. Aber dann ist das doch gar nicht so schwierig und er schafft eine Situation, in der er mir zeigen kann, wofür er offenbar einen verschwiegenen Zeugen braucht. Wir gehen an den Bach, an dem ich schon oft gespielt habe, aber wir gehen weiter hinauf, zum Wald hin und kommen an eine Stelle, wo der Bach, der durch eine sumpfige Wiese fließt, eine sandige Untiefe hat und in ein großes rundes Becken ausläuft, das in der Wiese liegt wie ein schwarzes Loch, weil ein Schatten auf die Wasseroberfläche fällt. Als wir uns ans Ufer hocken, sehen wir in dem ruhigen, glasklaren Wasser eine wunderbare Welt. Ein großer Käfer schwebt schräg im Wasser, aus dem sandigen Grund stieben feine Sandwölkchen auf, wenn eine Larve oder ein Molch sich bewegt und auf der Oberfläche schnellen Wasserläufer und drücken mit ihren Füßen winzige Dellen in die Wasserhaut. Doch das, was er mir eigentlich zeigen will, befindet sich auf einem der haarigen Sandsteinbrocken auf dem Grund des Beckens. Da schwanken drei oder vier seltsame Tiere oder Pflanzen oder Körperteile hin und her. Man kann nicht sagen, ob sie an dem Stein festgewachsen sind oder sich dort festgesaugt haben oder ob sie organische Auswüchse des Steines selber sind. Jedenfalls denke ich sofort an einen Penis und zwar an meinen Penis und werde durchschauert von einer sowohl angenehmen, irgendwie ironischen als auch gleichzeitig beklemmenden Irritation. Dabei sieht das, was sich da so schamlos meinem Anblick darbietet, ganz und gar nicht aus wie mein Penis. Der hängt ja immer brav zwischen meinen

Beinen und darf nur beim Pinkeln einen kurzen Blick auf die Welt werfen. Die Apparate da unten sind aber zu dritt oder zu viert und sie hängen nicht, sondern sie stehen frech
wie von der Faust weggestreckte Daumen, stehen sie in dieser stummen Wasserwelt und wiegen sich ganz leicht, so, wie manche Leute das machen, wenn sie mit geschlossenen Augen Musik hören.
Ich weiß nicht, was ich dazu sagen soll und schaue zu meinem Freund hin, der mich ebenfalls anschaut mit erwartungsvoll aufgerissenen Augen. Dann grinst er und zieht den Kopf zwischen die Schultern und hält sich den Mund zu. Im nächsten Augenblick rennen wir weg und als wir weit genug gerannt sind, bleiben wir stehen und blicken zurück und lachen so laut wir können.

Vier

Heute Morgen gibt es laute Männerstimmen im Frühstücks-
raum, die ich schon höre, als ich über den Hof gehe, auf dem
Handwerker- und Vertreterautos stehen. Ich stoße die Glastür
auf und setze mich an einen freien Tisch. Die hübsche, kindli-
che Mamsell – ich schätze dass sie 16 oder 17 Jahre alt ist und
in diesem billigen Hotel ihre Ausbildung macht - bringt mir
Kaffee. Die Männer sind starke Raucher, das hört man, wenn
sie lachen und ihr Lachen in ein Husten übergeht. Sie lachen
viel. Nach jedem zweiten Satz muss gelacht werden. Sie reden
so laut, als wären sie auf einer Baustelle und müssten sich
durch Maschinenlärm, durch Wind und Wetter, von Gerüst-
etage zu Gerüstetage unterhalten. Tatsächlich sind es aber
nur zwei, die diesen Lärm und diese Unruhe verbreiten. An-
scheinend gehören sie nicht zusammen. Sie sitzen an zwei
weit voneinander entfernt stehenden Tischen. Der eine ist ein
kleiner, rundlicher Mann so um die Sechzig mit sauber ge-
stutztem weißen Vollbart und rosiger Haut. Er sitzt allein an
einem Tisch mitten im Raum, hat schon Krümel auf dem Tel-
ler und befindet sich in bester Laune. Sein Gesprächspartner
ist in einem ähnlichen Alter, aber ein ganz anderer Typ. Groß,
hager, knollige Nase, auf seinen muskulösen Unterarmen sind
verblichene, blautintige Tatoos zu sehen. Er wirkt müde, ir-
gendwie angezählt, hockt zwischen deutlich jüngeren Kolle-
gen an einem Fensterplatz. Er trägt genauso wie die anderen
am Tisch ein schwarzes T-shirt und eine beige Arbeitshose.

Der weißbärtige bringt jetzt das Mädchen in Verlegenheit. Mit
seinem Teller in der Hand tritt er an das Rechaux und schau-

felt sich von dem Rührei auf den Teller. Als in diesem Moment das Mädchen an ihm vorübergeht, guckt er ihr auf den Hintern und ruft dem Kerl am Handwerkertisch zu: „Wenn einem schon früh morgens die Eier so schön gebacken werden dann kann doch eigentlich nichts mehr schief gehen, oder?" Und dann lachen sie wieder dieses versoffene Kettenraucherlachen. Das Mädchen verschwindet in der Küche und die Chefin betritt den Raum. Sie stemmt die Hände in die Hüften und blickt umher. Der Mann mit den Rühreiern duckt sich ein wenig, schaut zu ihr auf, hebt galant seinen Teller in die Höhe und sagt: „Das Frühstück in Ihrem Hause: Immer ein Gedicht." Die Chefin lächelt zufrieden und verschiebt ein paar Sachen auf dem Frühstücksbuffet. Der Mann setzt sich wieder und zwar so, dass er den Knollnasigen direkt anblicken kann. Ich habe den Eindruck, dieser ist ein wenig überfordert, hat keine rechte Lust, sich weiter mit diesem Spaßvogel zu unterhalten. Aber so, wie dieser ihn anschaut, fühlt er sich genötigt, jetzt auch mal was zu sagen und sagt etwas sehr philosophisches, sagt: „Aber das Wetter muss auch mitspielen." Der andere weiß damit zunächst nichts anzufangen, aber er ist quietschfidel, ein richtiges Babyface, mampft sein Rührei und sagt dann: „Da haben Sie vollkommen recht. Das Wetter muss mitspielen." Und dann lacht und hustet er, dass ihm die Rühreibrocken nur so um die Ohren fliegen. Der Tätowierte ist verdutzt. Offenbar hat er, ohne es zu merken, einen Witz gemacht. Da muss er dann ja auch mitlachen und dann lacht er aus vollem Hals. Der ganze Frühstücksraum wird von diesem unsinnigen Lachen erschüttert, es ist, als ob eine Art von Wahnsinn durch den Raum flattert.

Ich beende mein Frühstück begebe mich in mein Zimmer, packe meine Sachen und möchte, bevor ich meine Schlüssel an der Rezeption abgebe, noch eine Zigarette rauchen.

Auf dem Hof, neben den Parkplätzen gibt es einen Stehtisch mit Aschenbechern. Die Sonne scheint, es geht ein leichter Wind, die Welt ist schön, aber als ich zur Raucherecke komme, stehen da schon die beiden aus dem Frühstücksraum. Der Tätowierte lehnt schief und müde am Tisch, lässt den Kopf hängen und starrt auf den Rauchfaden, der von seiner Zigarette aufsteigt.

Der mit dem Bart ist wieder eifrig am Erzählen. Es geht um einen Einsatz bei den Baerbaums. „Baerbaum? Kennste? Ludger Baerbaum, der Reiter?"

„Ja. Kenn ich. Kenn ich"

Den Baerbaums hat er also einmal die Ballenpresse repariert und aus irgend einem Grund war das etwas ganz Besonderes und der alte Baerbaum ist danach mit ihm auf die Kirmes gegangen und hat zu seinen Leuten gesagt: „Der Mann zahlt heute keinen Pfennich. Das geht alles auf mich."

Er lacht begeistert, kann den anderen aber nicht mehr richtig mitreißen. Als Hobbyneurologe würde ich sagen, hier droht ein apoplektischer Insult oder aber er braucht dringend einen Wurf aus dem Flachmann.

Ich frage mich, wie die beiden zusammengehören. Der Erschöpfte ist offenbar einer von den drei Betonbauern, deren Transporter hier auf dem Hof steht und der andere wahrscheinlich allein reisender Landmaschinenmechaniker. Dieser ergeht sich nun in Lobesworten über den alten Baerbaum, was für ein feiner Kerl der doch sei und wieder zitiert er den Satz: „Der Mann zahlt heute keinen Pfennich", und führt aus, wie der Satz ihn quasi geadelt hätte, wie er dadurch zu einem Baerbaum-Mann geworden wäre, zum König der Kirmes und dass er sich hätte volllaufen lassen wie zehn Russen.

Da hebt der mit der knolligen Nase langsam den Kopf und schaut den Gesprächigen von unten her an. Wie ein altes, vernarbtes Mississippikrokodil sieht er jetzt aus. „Wenn du doch nur endlich dein dummes Maul halten tätst," knurrt er, stößt sich vom Tisch ab und humpelt mit schiefer Hüfte zu dem Transporter, auf dem dasselbe Logo zu sehen ist, wie auf seinem T-shirt.

Der Bärtige ist erschüttert. Er starrt mich an, spürt aber sofort, dass er von mir nicht das geringste Mitgefühl zu erwarten hat. Er lässt seine Zigarette, ohne sie auszudrücken, in den Aschenbecher fallen und verschwindet mit eingezogenem Kopf.

Endlich ist Ruhe.

© Andreas Dury

Auszug Miniaturen

Wohin die Menschheit wohl marschiert?

Wohin die Menschheit wohl marschiert?
Die Welt wird digitalisiert,
die Autos fahr'n bald von alleine
Man braucht kein Geld mehr, keine Scheine,

den Hausarzt bräucht' es nicht mehr geben
Computer steuern unser Leben,
umspannen bald die ganze Welt
Profit, Gewinn sind das, was zählt

Vergiftet werden Land und Meere
Verpestet uns're Atmosphäre
Insekten sterben, Vögel hungern
Sind Menschen auch bald nur noch Nummern?

Die Arbeit übergeben wir Maschinen,
damit sie uns verlässlich dienen
Vernetzt wird alles - und verstrahlt
Mit der Gesundheit wird's bezahlt

Die Welt rückt immer mehr zusammen
Wer hat, der kann sich noch entspannen
Wer nicht hat, wird noch härter kämpfen.
Selbst Völker kommen an die Grenzen,

wenn Pole schmelzen, Meere steigen
Orkane toben, Götter schweigen,
die Menschen fliehen, Zuflucht suchen
und ihr Geschick vielleicht verfluchen

Sich selber will der Mensch ausbreiten,
die Technik stets dabei ausweiten
Er träumt von anderen Planeten
Doch sollt' er für den seinen beten
Wir sind ein Teil des großen Lebens,
ein kleines Stück des feinen Webens,

wo alles miteinander wird,
man sucht und findet, trifft und irrt
Den eig'nen Beitrag mag man leisten
und etwas mehr tun als die meisten,

vielleicht auf etwas mal verzichten,
sich zu erkennen, auszurichten,
in die Natur geh'n, sich erfreuen,
für sie auch keine Mühe scheuen,

das große Leben in ihr sehen,
das weite Gott- und Weltgeschehen
In ihm, in sich mag jeder ruh'n,
für and're Wesen gern was tun

Der kleinste Same kann ausschlagen,
kann etwas Neues in sich tragen,
kann wachsen und nach oben streben,
kann Früchte bringen, neues Leben
Die Vögel werden Nester bauen
und Menschen wieder neu vertrauen

© Jürgen Wagner

DIE WELT

Sie wurd' von keinem je erdacht
Und keiner hat sie je gemacht
Sie zieht - wie alles - ihre Kreise
Die Welt, sie ist auf großer Reise!

Sie wird von niemand je beendet
Und wird von keinem je gewendet
Sie weiß nicht, doch sie mag sich regen
Die Welt, sie ist ein Platz zum Leben!

Die Rose blüht, der Käfer krabbelt
Der Vogel singt, das Kleinkind brabbelt
Die Rose welkt, der Mensch vergeht
Für Güte ist es nie zu spät!

© Jürgen Wagner

© Uwe Kraus - Die blaue Blume

Tears of the clown – Versuch eines öffentlichen Tagebuchs

Ein Jahr später, als ich die Augen aufschlug, geboren um zu
rennen, um zu jagen, mich in der Vergangenheit zu suchen,
fand ich einen kleinen Einschub in meiner Notiz; ein kleines
gebasteltes Glasschiff, eine Miniatur des kristallenen Schiffes
in einem Lied der Doors, verführte mich, nach der Vervoll-
kommnung meiner Seele zu suchen ... Nur wer den Weg ein-
schlägt durch seine Seele zu schauen, der kann jemals in sei-
ner Seelenküche rasten ... Ich fror, als mir dies bewusst wur-
de! Nur die Erinnerung in dem Lied Cash's, dass ich übrig blei-
be, macht mich traurig. The needle tears a hole ... die Nadel
reißt ein Loch in meiner Vergangenheit. Auch die Zeilen: If i
could start again – wenn ich nur noch mal von vorne begin-
nen könnte ... beschäftigen mich ... alle gehen weg ... Nach-
barn, Freunde, und mitunter reißt der Tod mitten dem Leben
eine tiefe Wunde – Mein Vater ging, ohne sich zu verabschie-
den ... Er lief in den Wald und grüßte noch unsere Nachbarn,
mit dem Gedanken, sich umzubringen ... Schizo, für diesen
Moment ... Ich bin traurig, seit er gegangen ... Es dauert der
Schmerz, aber bald wird die Zeit klären, dass es vielleicht bes-
ser war, als an Krebs zu vegetieren ... Meine Mutter, auch sie
vermisse ich, war sie doch mein Fleisch und Blut, auch meine
große Vertraute ... aber irgendwie komme ich weg von diesen
traurigen Gefühlen ... ich bin ehrlich, einfach und besitze
Kraft, mich zu formulieren, durch Schmerz und Leid zu gehen
in brutalster Dialektik ... Ich habe die Musik in mir geweckt.
Vielleicht war ich, wie Lehnert formulierte, ein gefesselter
Sänger, ein Schlag ins Gesicht nach dem anderen ... ich werde
wach ... mein Vater empfand, dass ich nicht wach werden
würde, behütet durch seinen Schutz, doch ich kämpfe wieder
zu schlafen, denn die Wahrheit erkennt man in der Nacht. Nur
einzig die Literatur verfinsterte sich in expressiven Schüben ...
bleibt mir das Ehrlichsein, die Sportlichkeit und Genauigkeit,

die meine Gedanken beflügeln …
bis bald in meiner Welt … liebe Welt,

© Uwe Kraus 27.01.2018

© Dagmar Herrmann

Wie Wasser bin ich für dich,

das deinen Durst löscht,
damit wieder klare Signale strömen dürfen.
Sei du mein Wasser!
Wie Feuer bin ich für dich,
das dich wärmt,
ohne zu verbrennen,
ohne Schmerzen,
ohne Narben,
nur Leidenschaft und Verschmelzung.
Sei du mein Feuer!
Wie die Erde bin ich für dich,
die deine Schritte hält,
die dich auffängt,
wenn du fällst,
dich beschützt bei Tag und Nacht.
Sei du meine Erde!
Wie Luft bin ich für dich,
die dich mit jedem Atemzug erhält,
dich Leichtigkeit und Fliegen lehrt.
Sei du meine Luft!
Dein Herz bin ich,
das dir mit seinem rhythmischen Pochen eine Liebeserklärung
macht,
und deinem Leben einen Sinn schenkt.
Sei du mein Herz!

© M.R 2017

So sehr...

Ich schaue dir zu.
Halte eine Tasse Kaffee in meiner Hand.
Dein Gesicht noch im Schlaf vertieft.
So sehr liebe ich jede Pore deiner Haut.
Ich setzte mich neben dich auf das Bett, will, dass dein Geruch in meiner Nase kitzelt.
Ich lächle, sanft umhüllt, aus Liebe zu dir.
Berühre deinen Arm, du bewegst dich , brummst vor dich hin.
Ich liebe dich so sehr, dass ich es nicht in Worte fassen kann.
Diese Liebe befreit uns beide aus dem, was wir nicht sind.
Der oft steinige Weg, den wir gemeinsam gingen, legte uns genügend Material zu Füßen, um damit eine stabile Brücke zu bauen.
Eine Brücke zu uns selbst, gemeinsam, als absolutes Eins.
Ich liebe dich

© M.R. 2019

Zeit aufzustehen

Steh auf!
Tritt ein!
Für deine Welt
Deine Erde
Deine Brüder
Deine Schwestern
Ganz gleich
Wo sie leben
Wie sie leben
Woran sie glauben
Wen sie verehren

Steh auf!
Tritt ein!
Für deine Welt
Deine Erde
Alle Pflanzen
Alle Tiere
Ganz gleich
Wo sie leben
Wie sie leben
Egal ob sie dir schmecken
Oder liebste Begleiter sind
Steh auf!
Tritt ein!
Für deine Welt
Deine Erde
Wir alle sind eins
Eine Einheit
Symbiose
Mit Liebe kreiert
Mit Liebe befüllt

Beseelt
Füreinander geschaffen

Steh auf!
Tritt ein!

© Waldseelen
Seherin

© Silvia Meck

© Silvia Meck

Ein Kind, wenn es die Welt erblickt,
ist noch so süß und ungeschickt.
So unschuldig und lupenrein;
umsorgt muss es, geliebt will's sein !

© **Wolfgang Görs**

„Kindheit"

Solange Menschen Kriege machen,
vergeht oft Kindern jedes Lachen.
Solang' der Feind im Land rumlungert,
manch Kind verdurstet oder hungert.

Solange Armut sich ausbreitet,
sind Kinderträume fehlgeleitet.
Solang' es Pädophile gibt,
wird manche Kindheit schwer getrübt.

Solang' ein Kind wird grob behandelt,
wird eine Seele oft verwandelt.
Solang' es Kinderarbeit gibt,
wird mehr geschunden als geliebt.

Solange wir das Unrecht dulden,
sind wir es, die das Leid verschulden.
Nur wenn Erwachsene verstehen,
werden Kinder Zukunft sehen.

© **Wolfgang Görs, 2015**

Das Gastland

Das ist mein Leben als Migrantin! Bin beugsam wie ein Kind, schaue Tag für Tag nach vorn. Niemals mehr will ich dich missen, bist mein Held aus Pein und Not. Wenige Menschen lauschen mein Erlebtes gern, die Vielzahl nicht, da bleibt keine Toleranz in den Köpfen denn sie haben Vorurteile gegen uns Migranten. So recht verstehe ich das Ganze nicht, bin ein Mensch wie du und Du. Trotzdem:

Wir gehen zusammen Schritt für Schritt, drum will nicht klagen und bin stets bereit, dir ein guter Freund zu sein. Gehe beten in einer alten Kirch', sie steht mitten da im Dorf und bitte glaube mir, unter Deckmalschutz steht sie schon lang, ein Magnetpunkt auch für mich. Die Flucht ist steinig, das Leben in meinem Land so schwer! Habs geschafft nach endloser Zeit, von Hunger geplagt, das Sterben so nah, das Elend nicht weit, komme hier her, jetzt ist es Zeit! Liebes Gastland, will dich neu erkunden, hab mich verändert Zug um Zug! Du mein Leben als Migrantin, dich zu haben: mehr als Glück, werde nichts bereuen, ab hier und jetzt. Wie ein Stern am Horizont, reise ich Stück für Stück, in eine neue Welt. Niemals mehr, will ich im Schatten stehen, du wirst mich führen, das Lachen neu erlernen, ein Glückspilz muss ich sein. Gibt es auch mal schwere Zeiten, meister ich sie, in dem Wissen, dass hier nichts Böses mir geschieht. Du mein Leben als Migrantin, Anschluss finden ist sehr hart/ muss drum kämpfen, dass ich die Gesellschaft nicht verpass.

Ein Graus an manchen Tagen immerzu! Meine Familie, weit weg, lässt mich im Herzen Grüßen, spricht mir Mut schweren

Stunden zu, das gibt mir Kraft, denn du mein Leben als Migrantin, bist mein Los. Du mein Leben als Migrantin, ein Liebeslied spielst nur für mich, das schön ist, jenes weiß ich jetzt.

Diese Strophen, ein Geschenk an mich, lassen schweben, und doch sagen, dich gibt's nur einmal. Glaube macht stark, das weiß ich, werde das Gastland nicht enttäuschen, egal was auch noch kommen will. Die Menschen sich im Denken schon verändern, da glaube ich ganz fest, dass wir eine Gemeinschaft bilden, einen ernsten Schritt. Die Herzen öffnen sich für Jedermann, dass sie sich nicht bekriegen, ist charmant.

Keiner soll im Abseits stehen nur mit aller Freud –

Doch Ja zum Leben sagen. Du mein Leben als Migrantin: Leben sollst du jederzeit, frei entfalten. Wie ein bunter Schmetterling. Auch ein großer Regenbogen erstrahlt seinen hellen Farben, ein Lächeln aller ziert unser Gesicht.

Wir reichen Hände, keine bösen Worte fallen, eine Melodie aus zauberhaften Klängen hören, ja dann ist Toleranz ganz nah, sie festhalten lohnt sich wunderbar!!!

© **Kristina Plenter**

© Kristina Plenter

geborenes

erwachtes
eben erwachtes

geträumtes

erste gedanken

poetisches

himmlisches

romantisches

begnadetes

lustiges

große hände

kleine hände

sterne
sichtbar
greifbar

du und ich

kinderkinder
das hat zukunft

© **Mark Heydrich**

Was ist ein Anagramm?

Die Kurzbeschreibung aus Wikipedia lautet: „Als Anagramm wird eine Buchstabenfolge bezeichnet, die aus einer anderen Buchstabenfolge allein durch Umstellung der Buchstaben gebildet ist." Als Uwe mich fragte, ob ich bei seinem Anthologie-Projekt mitmachen möchte, hatte ich gleich die Idee, aus dem Titel „Ungewisse Zukunft / Wagnis des Morgen" ein Anagramm anzufertigen. Und so finden sich injeder Zeile des nachfolgenden Textes genau und nur die Buchstaben des Titels dieser Anthologie. Satzzeichen sind allerdings frei gesetzt.

Wer bin ich?

Ich heiße Meike Camby und bin seit 50 Jahren Mensch. Ich bin so eine, die gerne mit Buchstaben puzzelt.Ich mache das nicht beruflich, aber immer wieder gerne.

Mehr Anagramme von mir gibt`s hier: www.ichbinsoeine.de

Anagramm zu „Ungewisse Zukunft / Wagnis des Morgen"

wenn du zu unwegs im soge sinkst, frage
frage, wo zum gesinn du kunst-gewissen
gewissen kannst. fueg′ so um zig wunder
wundersam zu sinnig wogen-kuss. feget,
feget so grauss und zins weg - winken um
winken um grossen fund. zeigst ausweg
aus weg, gefunkst sinn so zu regem wind,
windest fuss um kreis, wo ganzen genug.
genug konsenz warfst du gewiss ein, um
umstands wink gross zu wiegen. fuegen,
wagen und winken, gruess im festzug so!

© Meike Camby

© Yazmeen Lafleur

WIE EINE KRÖTE

Wie eine Kröte,

breit und selbstgerecht,

sitzt du

auf einem Seerosenblatt,

geschickt getarnt,

geduldig lauernd

auf die ahnungslose Fliege,

um sie im rechten Augenblick

zu verschlingen.

© Annerose Scheidig

GESTOHLENE KINDHEIT

Sein Leben

zart wie eine Knospe

geschlossen und klein

Kälte

riss die Blätter auseinander

bis das Innere sichtbar wurde

Der Wind trug sie davon

die Jahre der Blüte

© Annerose Scheidig

SCHWARZE HAUT

Du gehst ohne dich umzudrehen.

Meine Worte – du wusstest es doch vorher –

folgen deinen schnellen Schritten.

Ich erwache.

© Annerose Scheidig

Nahende Veränderung

Dunkle Ritter
Entschwunden ihrer Zeit
Stehen dicht beisammen
Zum Endschlag bereit
Die Zeit überwunden
Doch noch immer ein Ziel
Jahrhunderte später
Das gleiche Spiel
Die Menschheit
Noch immer ihre Kriege führt
Nichts dazu gelernt
Nur immer mehr Hass geschürt
Im blinden Gehorsam
Den Marionetten gleich
Zerstörung aus Habgier
Bis tot das Menschenreich
Sie vertrauen auf Lügen
Der Machthaber Wort
Gehirnwäsche auf allen Kanälen
Trägt die Menschlichkeit fort
Uns programmierend
Ein Feindbild eingesetzt
Haben Sie nicht damit gerechnet
Das die Liebe sich vernetzt
Die Welt wird erwachen
Ich kann es schon sehen
Wie Dinge sich ändern
Durch Güte entstehen

© **Waldseelen**
Seherin

Lebensmagie

Wie der Wind
Dir seicht und sanft
Durch die Haare streicht
Auch der Sonne
Warmer Kuss
Dir seine Liebe zeigt
Des Wassers Kraft
Zärtlich dich umspielt
Sanftmut in dir wächst
Die Flammenmacht
Im Feuerschein
Deine Stärken schürt
Der Boden
Hart und Weich
Dir eine Heimat schenkt
Erkenn
der Mutter Erde Schatz
Die Liebe in den Dingen

© Waldseelen
Seherin

Trolleybus

Gelb das Scheinwerferlicht über dem Pulverschnee. Feinste
Kristalle stieben auf und schweben glitzernd vor dem dahin-
rollenden Bus. Flirren über die steile, geteilte Windschutz-
scheibe und verschwinden im Nachthimmel. Entlang der bei-
den Kontaktstangen zu den elektrischen Oberleitungen, die
wie die langen Fühler eines Insekts in die glitzernde Nacht
ragen. Alles rund an diesem Bus. Die beige Karosserie ebenso
wie die verchromten Stoßstangen, die großen Lampen wie
Stielaugen, klein die dunkelroten Rücklichter.

Gebannt steht der Junge auf dem Trottoir, die Schiebermütze
des Großvaters auf dem Kopf. Der feine Schnee fährt ihm ins
Gesicht, er kneift die Augen zu. Doch er friert nicht, als er den
Schaffner mit seiner militärisch anmutenden Uniform im Bus
beobachtet. Der steht vor dem Drücker für die 5- 10- und 50-
Pfennig-Stücke im kleinen Abteil aus verchromtem, zölligem
Rohr.

Wo die Leute sitzen sind die Scheiben angelaufen. Langsam
weiter rollt der Bus auf seinen großen Rädern mit den roten
gusseisernen Felgen. Der weiße Borgward, der nach dem Bus
vorbeiblubbert beeindruckt den Jungen auch. Schön die sil-
bernen Radkappen. Doch an den Bus reicht er nicht heran.
Denn der ist sicher unterwegs, die Blechbüchsenarmee abzu-
holen.

Am Küchentisch Opa Julius, genannt „Julle". „Julie" hatten die
Russen zu ihm gesagt. Die, denen er vom Generator seiner
Kompanie weg ein Stromkabel in die Mühle gelegt hatte.

Nach einer der höchst seltenen Kriegserzählungen von Julius brachte die an der Holzbalkendecke aufgehängte Glühbirne damals wohl das ganze Dorf ins Staunen. Dann trat ihm der Kompaniechef in den Hintern und das Kabel kam wieder ab. Julius war Elektriker und seine Werkzeuge hatten noch hölzerne Griffe. Kleine Stromschläge waren für ihn normal. Wenn's beim Schrauben an den Leitungen ohne Nullleiter kurz blitzte, sagte er nur „Scheiße" und wischte sich die angesengten Fingerspitzen am Hosenboden ab.

Mit einem schmatzenden Geräusch hebt Julius seine Unterarme von der steifen Wachstischdecke um sich eine Zigarette aus der blau-weißen Packung „Landewyk Silber" zu drehen.. Die Standardbemerkung der Großmutter: „Krimmel nett alles voll" ignoriert er wie immer. Gibt es Erbsen- oder Linsensuppe kann es passieren, dass er soviel isst, dass er den Gürtel aufmachen muss. Was ihm aber oft nicht bekommt. Sein mit Beinhaut überzogenes Loch im Kopf und die Wandersplitter am Rückgrat entlang bereiten ihm nicht selten solche Schmerzen, dass er kotzen muss. Aber Julius hält sich. Er bringt dem Jungen einen viertel Liter Milch zur Pause in den Schulhof und holt ihn nach Schulschluss ab. Einkaufen geht er auch und er putzt die Treppe in dem vierstöckigen, massiven Sandsteinbau, der nach dem Krieg im Rahmen des Marschall-Planes entstanden ist. Die Emanzipation der Frauen war damals noch kein Thema in der Stadt im Pfälzer Wald. Und doch: Im schlichten Haushalt am Pfaffplatz trug die Großmutter ein imaginäres Häubchen mit der Aufschrift „Haushaltsleitung". Schließlich war sie nicht nur Hausfrau, sondern arbeitete auch in einer Maschinenfabrik. Ihr Haushalt wurde zweimal ausgebombt und sie ging bei nahegelegenen Bauerhöfen „hamstern" um sich und ihre Tochter Ruth durchzubringen. Julius und Anna teilten sich die häuslichen Aufgaben einfach so. Ohne Diskussionen. Bei ihnen fühlte sich der Junge wohl...

To be continued

© **Andreas Fillibeck**

Das Lachen miteinander,

ist die schönste Körpersprache,

die man versteht in allen Sprachen.

Jeder ist sich selbst Glückes Schmied,

schön wenn dir jemand das Werkzeug
reicht.

Bevor du ein Ziel aufgibst denke dar-
über nach,

was der Anlass war dafür zu kämpfen.

Ob wir zusammen wachsen,

oder auseinander driften,

wird dadurch entschieden

ob wir Unmut oder Frieden stiften.

© Pascal Hilgendorf

Matsch, Matsch, Matsch,

soweit das Auge reichte und kein Ende in Sicht.
Bereits am zweiten Tag, es sollte bis zum vierten, dem Tag der
Abreise anhalten. Pfingstlager bei den Pfadfindern. Pfingsten
1987 in Ramsen, ein kleinerer Ort in Rheinland-Pfalz. Ramsen
wurde zum Synonym für ein „Matschlager" erster Güte.
Die drei neuen Mädels vergaßen bereits die Suche nach dem
verlorenen Lachen. Die ersten Stunden vergingen, es regnete
sich ein. Dauerbewässerung, starker Wind und ohne Sonnen-
schein, so verlief der Zeltaufbau ein wenig anstrengender als
sonst, aber auch schneller. Bei uns, den Etablierten, verhielt
es sich antiproportional. In dem Maße, in dem der Regen
nachhaltig zunahm und alles rings herum in ein riesen
Schlammfeld verwandelte, steigerte sich unsere Stimmung ins
schier Unermessliche. Ein Pfadfinderlied kam mir in den Sinn,
der Refrain: „Es regnet schon lang´, plitsch, platsch, sieben
Tage mag sein, mein Freund, denkst Du noch daran, an Liebe
und Wein." Oft machte ich mir Gedanken als »Rover« übri-
gens erst, -das sind die Älteren, meist auch Führungskräfte-,
bei den Pfadfindern. Ja, darüber Gedanken, inwieweit in ei-
nem Kinderlied die Hinweise an Liebe und Wein vorkommen
sollten. Aus- und angesprochen habe ich diese Gedanken nie.
Die Pfadfinder Hierarchie klar gegliedert: es gibt die »Wölflin-
ge«, die Kleinen. Die, wie einst Moglie im Dschungel erst ein-
mal spielerisch lernen. Das Dschungelbuch immer wieder
gerne als Vorlage für die Arbeit in den Meutestunden ge-
nommen. Joseph Rudyard Kipling der Autor, ein Freund des
Gründers, schrieb diese Geschichte exklusiv für ihn, für seine
Pfadfinderbewegung. Später von Walt Disney verfilmt. »Ba-
lu«, »Schakira«, »Bakiraa«, sowie weitere Figuren aus dem
Dschungelbuch. Vorbilder für die »Ranger« und »Rover« und
Namensgeber. Diese blieben dann meist als Pfadfindernamen
ein Leben lang erhalten. Fast jeder Pfadfinder bekam im Laufe

seines Pfadfinderlebens einen solchen verpasst. Zuweilen ging dies ruck-zuck vonstatten. Einmal trottelig angestellt und der Name passte. So rief eine Pfadfinderin aus der Pfalz, die bei Pfadfindern im Rheinland weilte, mal aus:

„Schaut mal da, eine Hutzel!" Dies, die korrekte pfälzische Bezeichnung für einen Tannenzapfen.

Die Rheinländer schauten verdutzt, hatten keine Ahnung was gemeint war. Als die Pfadfinderin das Objekt in hochdeutscher Sprache benannte, waren sich alle einig: „Hutzel" ist der passende Pfadfindername für sie. Nicht immer funktioniert die „Taufe" so zügig. Zuweilen jährt sich die Mitgliedschaft bereits zum x-ten Mal und dann erst wird die wunderbare Namensgebung vollzogen. Durch ein Missgeschick, eine besondere Begebenheit, eine Angewohnheit, oder einfach nur als Verunglimpfung vom Vor- oder Nachname. Ich wurde mit „Fidi", als Kurzform meines Nachnamens gerufen. Später sollte ich „Hotte" heißen. Nach der »Wölflingsstufe« steht der Übergang zu den Pfadfindern an. Pfadfinderinnen und Pfadfinder sind meist zwischen 11 und 14 Jahren, dies kann jedoch variieren. Zur »Ranger« und »Rover« Stufe geht es dann fließend. Früher blieb man dies sein Leben lang. Mittlerweile gibt es die Stufe der »AiB«, soll heißen: die Alten im Bund.

Damals 1987, war ich noch kein »AiB«. Zuweilen denke ich: einmal Pfadfinder immer Pfadfinder.

Gebräuche, Sitten, Traditionen, ein Sinn, der einem gegeben wird. Um mit den Worten des Gründers der internationalen Pfadfinderbewegung, Sir Robert Baden Powell, zu sprechen: „Versuche die Welt ein bisschen besser zu hinterlassen, als Du sie vorgefunden hast." Das hat schon was und als junger Mensch davon beeinflusst, eben gerade durch lebendige Vorbilder, so etwas prägt. „Der Große schützt den Kleinen" und noch das Liedgut am Lagerfeuer, die selbst erlebten Abenteuer, solche Erlebnisse unvergesslich. Da der Bund der Pfadfinderinnen und Pfadinder BdP e.v. seit der Gründung einen gesteigerten Wert auf eine koedukative Jugendarbeit legte, waren Mädchen stets herzlich willkommen. In manchen »Stämmen« – so die Bezeichnung für die jeweilige Ortsgruppe – waren fast so viele Mädchen wie Jungs dabei. Die drei Neuen blieben allerdings nicht lange bei uns. Ihr allererstes Pfadfinderlager, für sie ein Alptraum. Matsch überall und wir mittendrin. Die Mädels, kaum zwei- bis dreimal vorher in Gruppenstunden gewesen, brachten allerlei unnötigen Kram mit auf dieses Zeltlager. Bald wurde klar: Schminkutensilien und manches, was für die intensive Körperpflege benötigt wird, ist total entbehrlich.

„Häger", „Admiral" und „Lebkuchen" suhlten sich am ersten Tag bereits im Schlamm. Wenn mich nach all den Jahren die Erinnerung nicht trügt, stellte Admiral Lebkuchen ein Bein, dieser fiel der Länge nach hin. Für alle Zuschauenden war dies äußerst lustig. Irgendwie schaffte ich es bei der darauffolgenden Massenkeilerei einigermaßen sauber zu bleiben. Dieser Zustand hielt ungefähr bis zum frühen Abend. Immer wieder kam es zu spontanen Schlammschlachten, oder wir warfen uns einfach so, aus purer Lust am Leben, in den Morast. Morgens zelebrierten wir dann eine Katzenwäsche. Manche verzichteten ganz auf Körperpflege aller Art.

Dank einer tollen Singerunde, die uns erst lange nach 24 Uhr in den Schlafsack sinken lies, hing die Müdigkeit schwer in den Gliedern, gleich einem Tiefseetaucher mit Glocke, der mit Gewichten behangen, schwerelos hinunter schwebt. Nun galt es verschiedenste Verrichtungen zu erledigen. Das Frühstück musste vorbereitet werden. Es gab eine Morgenrunde und die »Ranger« und »Rover« trafen sich vor dem Frühstück zu einer kurzen Lagebesprechung. Das Wetter als Dauerthema bei den Besprechungen. Gut ist mir im Sinn geblieben, welche

Gedanken wir uns nach der ersten Nacht machten und wie unnötig das war. Da die Stimmung im Grunde von Tag zu Tag besser und besser wurde. Ausgezeichnet, gerade auch bei den Kleinen. Wahrscheinlich strahlten wir dies aus und taugten als Vorbilder, dass selbst bei nassem Dreck und ständigem Regen die Laune sehr gut sein kann. Dieses Hochgefühl fühlte sich extrem toll an und scheinbar steckte es an. Die drei Neuen jedoch nicht. All unsere Versuche für Aufheiterung zu sorgen, stießen auf tiefes Unverständnis.

Früh dämmerte von fern der Morgen. Es galt das Frühstück zuzubereiten und viele Arbeiten mussten erledigt werden, die eben bei den Pfadfindern anliegen, wie zum Beispiel Brote zu schmieren oder die »Wölflinge« wecken, das Waschen und Ankleiden zu überwachen, Feuer anzünden für den Kaba und den Kaffee und weitere diverse Verrichtungen, die bereits in der Früh anstanden. Tagsüber gab es eine Menge Trubel, viel Beschäftigung und beim Anbruch der Dunkelheit saßen wir alle am Lagerfeuer in der exzellent imprägnierten Jurte, sangen Pfadfinderlieder und tranken „Tschai". Für die kleinen wurde die Kinderversion gereicht. Wir »Ranger/Rover« rührten das heiße Getränk mit Rotwein an. Roter Wein im Becher, ein Lied, welches stets gern angestimmt, für eine heitere, ausgelassene Stimmung sorgte. In den Singpausen, erzählten wir Witze. Alte Fahrtenabenteuer wurden wieder und wieder aufgewärmt, was der Stimmung keinen Abbruch tat – im Gegenteil. Die alten Erlebnisse hatten was Heimeliges. Ein Wohlgefühl stellte sich ein. Trotz nasskaltem Wetter war Gemütlichkeit am Lagerfeuer spürbar.

Selbst bei den drei Neuen konnte ein Glimmen in den Augen erkannt werden. Sehnsucht nach mehr von dieser Lagerfeuerromantik, einer Sehnsucht nach einem einfachen Leben. Ohne Schnick-Schnack, bei dieser irgendwie spirituellen Verbundenheit fast schon körperlich spürbar, welche im Grunde jeden Menschen erfasste, der sich einige Zeit diesem Erlebnis auslieferte. Oft hatte ich eher bei den Pfadfindern in der Natur, als in der Kirche, die ich als Kind und dann als junger Erwachsener ab und an besuchte, solche Gefühle.

Sehr dankbar bin ich heute, nicht mehr ohne vernünftiges Licht in den Schlafsack kriechen zu müssen. In der Tat waren es weniger die Zelte, sondern das Erlebnis Pfadfinder, was mich im Grunde bis heute begeistert.

Sonntags ließ sich tatsächlich die Sonne sehen, trotz großer Hitze trocknete der Boden nicht in Gänze. „Eisi", ein Sonnenanbeter, zog sich einen ziemlichen Sonnenbrand zu. Wie ich aufgrund meines Nachnamens „Fidi" gerufen wurde, verdankte er seinen Pfadfindername ebenfalls seinem bürgerlichen Namen.
Aus Versehen bekam er eine stark alkoholhaltige scharfe Substanz auf den Rücken geschmiert, die für Zerrungen geeignet, jedoch in seinem Fall nicht passend. Die folgende Szene habe ich nach all den Jahren noch sehr gut im Kopf. Wie in einem Comic, oder Slapstick-Film sprang er auf, fast senkrecht, schrie dabei und rannte wild durch die Gegend. Schnell konnten wir ihm Kühlung verschaffen, die falsche Medizin abreiben, was nicht ganz schmerzfrei gelang und die richtige Salbe gegen Sonnenbrand auftragen.

Neben vielen Aktivitäten vertrieben wir uns die Zeit mit Schlammweitwurf, suhlten uns weiter im Dreck, indem wir ein mindestens drei Meter tiefes Loch aushoben um einen Flaggenmast aufzustellen beziehungsweise zu verbuddeln. Was für eine Gaudi! Mittlerweile regnete es auch wieder in Strömen. Doch diesmal hatten wir die volle Verantwortung dafür, da einige von uns, die Meinung vertraten, es könnte mal wieder regnen, einen eindrucksvollen Regentanz vollführten. Das Gespringe und Gejaule zeigte Wirkung. Mittlerweile weiß ich, dass Regenmacher in die Stille gehen. Die innere Einkehr suchen. Sie sind der Regen, verbinden sich mit der Natur und allem was ist, sie spüren das Ereignis genau, lassen los und es ist vollbracht.

Als es montags ans Abbauen und an die Abreise ging, fühlten viele Wehmut. Der geflügelte Satz „Noch in 20 Jahren werden wir von diesem Matschlager erzählen", sollte sich bewahrheiten.
Und die drei neuen Mädchen? Sie wurden seitdem in der Pfadfindergruppenstunde nie mehr gesehen.

Damals brachte es der Admiral politisch total unkorrekt und nicht Gendergemäß auf den Punkt, indem er äußerte: „Das Pfadfinderleben is´ halt nix für Weicheier."

Eine Erinnerung von vielen. Ja, das Pfadfinderleben. Die Drei hätten bei einem anderen Einstieg durchaus diese Einzigartigkeit erleben und annehmen können. Menschsein, für mich wurde und wird heute noch am Lagerfeuer Menschsein spürbar. Etwas Mystisches, dem sich zu entziehen es fast schon unmöglich ist. Es sei denn, das erste Erlebnis ist ein Matschlager.
Eine wunderschöne, schwerelose Zeit durften wir erleben, welcher ein Zauber innewohnte.

© **Vincent Camuzzi**

Drei Texte von Silvia Meck:

FREIHEIT von 2018

Freiheit ist loslassen von Schmerz, Leid, Zwängen, Schwermut
Freiheit ist selbstbestimmt Leben
Freiheit ist heute anders zu entscheiden, als gestern und
morgen
Freiheit ist über den Horizont hinaus
Ich folge meinen Herzen und bin frei.

ANGST von 2003

Die Angst beschleicht den Körper mein
wenn die Finsternis bricht in ihn ein
die dunkeln Pfade einem Irrgarten gleich
verwirren, erstarrt, gefangen im Selbst
Kein Lichtstrahl der mir hilft.
Verzweifelter Schrei ungehört
die Hoffnung auf eine reichende Hand,
auf Liebe, ja Liebe mit ihrem zarten Band
Kraftlos am Boden, so kalt so kalt,
suche ich verzweifelt im Inneren nach Halt
müde, müde kraftlos voller Pein,
die Angst beschleicht den Körper mein.

BEFREIT - GEFANGEN von 2004

So ausgepowert, so müde .....
So kraftlos bin ich geworden - unfähig mich zu bewegen
Wo sind die Träume hin?
Wo die Liebe?
Das Gefühl der Geborgenheit in deinen Armen lässt mich er-
wachen
die Sehnsucht danach ersticken.
Die Träume sind zurück in die tiefen Gründe des Sees
tief verborgen und schüchtern hinter den Pflanzen versteckt.
Salzige Tränen füllen den See
meine Tränen auf dem Weg zu den Träumen
Leben.... - ohne Gefühl?
Der Irrweg der Gedanken, der Wunsch der Erlösung
Ich spüre deinen Atem, deine Lippen meinen Körper erkun-
den ...
Stille!
Stumm und schwer verbreitet die Nacht die Sehnsucht!
Spürst du wie meine Liebe sich in dir entfaltet?
Doch nein du hast sie weggeworfen - sie nicht ertragen.

Befreit - Gefangen

Das Wasser ist kalt, doch es stört mich nicht,
die Kälte tötet den Schmerz, den Gram im Herz.
Zweifel -?
Schick sie zu den Träumen ganz weit.
Wollte nur gehört werden, dem Wind den Auftrag erteilt -
dir zu sagen wie sehr ich dich liebe.
Hast du zugehört?
Konntest du ihn beim Schreien deiner Seele hören?
Ich will gehen - mich verabschieden -
der See bringt mich zu meinen Träumen

die Hoffnung stirbt zuletzt.-
du hast sie mitgenommen und die Sehnsucht vergessen.
Wie sollt ich dir begegnen -
Schweigen und Leid der Gruß der Zeit?

Befreit - Gefangen

© Silvia Meck

Unterm Blaubeerhimmel

Spielgeräteschatten wachsen über den Platz.
Wir liegen dazwischen, ganz flach.
Tricksen unsre Schatten aus.
Dann schaut Annika auf ihre Micky-Mouse-Uhr.
Annika weiß auch in der Schule alles besser.
Annika trägt weiße Spitzensocken.
Ich trage Zauberrollschuhe.

Tschüss, ruft mir Annika nach.
Der Blaubeerhimmel rollt die Straße rauf.
Spuckt mir Nachbarhausschatten aufs Kleid.
Die Nachbarskinder sitzen bei Graubrot und Tee.
Die Nachbarmütter schnitzen Gurke.
Die Nachbarväter gucken Fußball.
Am Straßenrand stehen die Opel sortiert.

Ich rolle dem Blaubeerhimmel nach als könnte ich ihn einholen.
Als wäre er eine dicke, alte Dame.
Mit Einkaufsnetzen am Arm.
Die Straße dampft.
Die Rollen kreischen.
Splitt spritzt.
Ich trage Zauberrollschuhe.

Unser Haus trägt ein Blaubeerkleid.
Ein Blaubeerkleid mit goldenen Quadraten.
In der Tür glänzen Elterngesichter, ganz dicht beieinander.
Ich ziehe meine Rollschuhe aus.
Mutter legt mir ihre Sorgen um die Schultern.
Sie fühlen sich warm an und weich.
Mondscheinzöpfe.

Am Ende der Stadt ist es immer dunkel.
Dort steht das Annikahaus.
Die Annikaschwester schläft.
Die Annikamutter bügelt.
Der Annikavater guckt Fußball.
Der Mercedes steht in der Doppelgarage.

Annika steht in der Ecke.
Wünscht sich Zauberrollschuhe.

© Maja Loewe

© Kristina Plenter

© Kristina Plenter

Du

Diese Stille

Dein leises Grunzen, Schmatzen

Dein kleiner Kopf-Vollkommen

Deine Lider, seidenpapierdünn

Jede kleine Ader

Eine Landkarte der Verletzlichkeit

Da hätte Liebe sein müssen

Mein Herz aber, erloschen

Zwei Wochen zu spät

Keine Wehen - tagelang

Ich litt

Mein erstes Kind, nicht gewollt,

aber gewünscht

Der Name längst gewählt

Was ich kaum ahnte, ich war versehrt

Meine Seele - lauter Splitter
Dann dein Herzschlag, wird langsamer

Kaiserschnitt

Dunkelheit

Das Niemalsnicht

Die Dämmerung

Über allen Wipfeln schwiegst Du

Auf den Flügeln der Schweigsamkeit-

Raureif

Kühn

Erwachen-da lag das fremde Kind

Wunderschön

Sie gratulierten: Du freust dich

Bestimmt!

Schweigen, ich schaue aus dem Fenster

Dein schönes Gesicht

Du hattest solchen Hunger

Und ich-

Keine Milch, zu wenig

Diese Stille,

deine kleine Hand

zu wenig, von allem zu wenig

Nur du - vollkommen

Nur ich - lauter Scherben

Ich wollte alles richtig machen

Du würdest ihn finden,

den Weg in mein Herz

durch diese tönerne Stille

aber ich war deiner nicht würdig

ich war nicht Ganz

Ich träumte, von Stöcken, Bändern und Korsetten,

die mich zusammenhielten

Deine Liebe so grenzenlos

Dein Lächeln, zahnlos

Dein Weinen, mitten in der Nacht

Und ich, allein

Die Wut,

Die Scham

--------es schmerzt,

die Erinnerung

Verzeih mir, mein geliebtes Kind
Ich habe gefehlt

© anamariablanco 2019

© Kristina Plenter

© Kristina Plenter

Rezept: Ungewisser Zukunftsauflauf

Zutaten:

Eine Erde

Pflanzen

Tiere

Menschen

Verstand

Sprache

Fortschritt

Religionen

Internet

Zubereitung: Man nehme eine Erde, besiedele sie mit Pflanzen und Tieren. Man verwende etwas Evolution, um den Menschen Verstand zu geben, damit sie Werkzeuge erschaffen können, durch deren Verwendung sie stärkere Tiere allein oder in der Gruppe erlegen können. Man multipliziere das mit Sprache und lasse sie kluge Fragen stellen, um den Fortschritt anzukurbeln. Gleichzeitig füge man Religion hinzu, einerseits, um den Fortschritt zu bremsen, andererseits, um Kriege und eigene Grausamkeiten gegenüber anderen Menschen legitimieren zu können. Man runde die Ungewissheit durch Logarithmen im Internet ab, damit jeder Mensch seine eigene Meinung, egal wie falsch sie sein möge, für wahr halten kann und Gleichgesinnte finden kann, mit denen er zusammen Andersdenkende erlegen kann.

Das Ganze in zwölfmonatigen Zyklen bei -10 bis 35 Grad für 2019 Jahre backen und dabei jährlich die Temperatur langsam um 1-2 Grad anheben, bis die ungewisse Zukunft gar ist.

© Stephan Riedl

Der Pausenhof

Alle Jungs schauten gespannt auf ihre Armbanduhren. Wie würde wohl die zweite Halbzeit, achte gegen zehnte Klasse, ausgehen. Dieses Spiel galt in den unteren Klassenstufen als das Spiel der Woche. Die großgewachsenen Zehntklässler gegen die flinken, mit einigen Vereinsfußballern gespickte Klasse, der 8 a.
Tino, Andre, Sterni und ich bildeten das magische Viereck im Sturm der 8 a. Zusammen hatten wir gute 20 Jahre Erfahrung mit dem runden Leder gesammelt. Die Schule kannte uns. Besonders die Kinder, die uns während des Sportunterrichts immer zuschauten und jeden gelungenen Trick bejubelten.
Wir hatten keine Angst. Trainierten in jeder Schulpause mit einem Tennisball oder einer zerdrückten Dose. Im Winter sogar mit herausgebrochenen Eisklumpen. Die 9 b hatten wir in der letzten Woche besiegt. Ein klares 4:1. Tino, mal wieder in Hochform, legte mir drei Tore auf. Den finalen Treffer, kurz vor dem Läuten der Schulklingel, legte ich Sterni auf. Das hatte er sich verdient. Lange musste er aufgrund einer Verletzung im Tor stehen. So zauberte lange nur ein magisches Dreieck die Abwehr der Anderen durcheinander. Am Ende klatschten wir uns ab. Nur der Gegner, die 9 b war sauer. Sie waren die Rowdys der Schule. Ließen gern ein Bein stehen oder traten nach. Einige blaue Flecke glänzten noch am heutigen Tag so wundervoll bläulich an meinem Schienbein.
Der Beginn der zweiten Halbzeit verschob sich um einige Minuten, da die Zehntklässler, in der berühmten Ecke, noch eine Kippe durchzogen. Die erste Halbzeit in der

Frühstückspause war wie erwartend 0:0 ausgegangen. Natürlich waren sie uns körperlich überlegen. Einige hatten schon Haare auf der Brust, die sie immer versuchten, in ihren bis zur Brust aufgeknüpften Hemden, zu präsentieren. Ihre Mopeds standen in einer Reihe vor dem Schulgebäude.

Seit gut zwei Jahren waren wir ungeschlagen. Noch in der 7 a aktiv gewesen, hatten wir die 9 a in einem hoch dramatischen Spiel mit 3:2 geschlagen. Das hatte sich bis an andere Schulen unseres Ortes herumgesprochen. So kam es im Laufe des letzten Jahres nicht selten vor, das Klassen anderer Schulen plötzlich auf dem Schulhof auftauchten und sich beweisen wollten. Das Ziel war ja unser Jahrgang des Gymnasiums. Doch die trauten sich nicht. Ronny, unser Ersatztorwart, hatte gute Kontakte, jedoch bis zu diesem Zeitpunkt nicht die Worte gefunden, um die zukünftigen Abiturienten davon zu überzeugen gegen uns anzutreten. Sie kannten uns. Wussten was wir konnten. Schließlich spielten wir mit ihnen zusammen im Verein. Es wäre ein Spiel mit offenen Karten. Taktisch auf Augenhöhe, würde am Ende die Kondition den Sieger bestimmen. Oder so ein Glückstreffer, wie beim letzten Sportfest von mir gegen die 8 b. Ich war platt. War das ganze Spiel gerannt. Bis kurz vor Schluss stand es immer noch 0:0. Ein letzter Angriff von Tino und Andre. Der Pass etwas zu kurz geraten, schaffte es ihr Torwart mit einem Bein dazwischen zu grätschen. Plötzlich lag der Ball vor meinen Füßen. Vor mir eine Gruppe aus fünf Spielern, die zusammengeprallt waren. Mit einem gekonnten Lupfer aus 15 Metern überwand ich die

Mauer aus halbstarken und schoss das Tor zum 1:0 Sieg. Ein von uns erhoffter Schulbeginn als neue Achtklässler. An diesem sonnigen Mittwoch, wir hatten gerade Deutsch und Mathe hinter uns, wollten wir es deutlicher aussehen lassen. Ich nahm mir Tino und Andre zur Seite und redete auf sie ein. „Heute bitte saubere Pässe und nicht so viel Fummeln!", waren mein taktischen Anweisungen an meine beiden Außenstürmer. Wir mussten einfach gewinnen. Nie hatte vorher eine achte Klasse den Primus besiegt. Die 10 b schon. Das waren alles Hohlköpfe, die schon am Morgen mit Dosenbier vor der Schule standen. Aber die 10 a war das Team, das alle bewunderten. Trotz unseres guten Rufes, lag die Wettquote bei einem Twix für ihren Sieg und einer ganzen Box saurer Schnüre für uns, würden wir dieses Spiel gewinnen. Saure Schnüre mochte jeder. Waren gute Tauschware für leckere Pausenbrote oder meine Schummelzettel, die ich schon früh am Computer produzierte und mit Gewinn in der ganzen Klasse verteilte. Im letzten Jahr hatten wir sie ja schon besiegt. Lagen schnell 3:0 vorn und ließen es die letzten Minuten der Pause locker angehen. Zwei Tore mussten wir uns noch einfangen lassen. Es wurde doch noch knapp, bis uns die Schulklingel den Sieg rettete. Damals ging es um eine Familienpackung Capri Sonne. Natürlich Multi Vitamin. Die Gute. Aber jetzt waren sie die 10 a. Die Klasse, die in der langen Schulgeschichte, noch nie ein Spiel verloren hatte. Der FC Barcelona des Schulhofes! Sie hatten keinen Ronaldo oder Rivaldo. Aber diesen einen Spieler, mit der Übersicht eines Maradonas. Mit 16 spielt er schon in der A-Jugend unseres Vereins. Tolle Technik, präzise

Pässe, doch keinen Schuss, der unserem Torwart Angst machen sollte. Wir waren vier gelernte Stürmer, die nur eine Sucht hatten. Tore schießen!

Trotz der Vorfreude und der Euphorie der zuschauenden Mitschüler plätscherte die zweite Halbzeit so dahin. Lange hielt die 10 a den Ball in ihren Reihen. Viele Sicherheitspässe. Nichts Zählbares. Unsere wenigen Angriffe prallten an den Pfosten der Schulbank, die uns immer als Tor zur Verfügung stand oder wurden vom gut aufgelegten Pierre, den Austauschschüler aus Frankreich, spektakulär gehalten. Wir vergaßen die Zeit. Sahen wie einige Schüler schon ihre Ranzen nahmen und die Treppe zum Schulgebäude hochgingen. Ich schaute auf die große Schuluhr, ging zu Tino und sagte ihm: „Noch zwei Minuten! Einer muss da noch irgendwie rein! Diese Chance bekommen wir nur ein Mal!".

Mit etwas Übereifer stibitzte ich meinem Gegenspieler den Ball. Schaffte es noch zwei weitere, mit einem Trick zu überraschen, um dann den Querpass auf Tino zu spielen. Ein Raunen ging durch die Reihen der noch immer Dastehenden. Ein schneller Übersteiger und Tino schob den Ball millimetergenau in die Mitte der Schulbank. Das war der Sieg, der uns in den Olymp hoch hob. Alle klatschten, pfiffen und Sterni rief von hinten:"Saure Gummischnüre für alle!".Im anschließenden Zeichenunterricht malte Carsten, unser Klassensprecher, einen Siegerpokal an die Tafel. Die ganze Klasse erhob sich und feierte mit uns diesen Sieg. Die Box saure Schnüre war nach zehn Minuten alle! Aber das war es uns wert.

© **Thomas Schärfke**

© Perd Tina

© Perd Tina

Gute Nacht gutes Kind, hast Du Dir die Zähne auch geputzt, Deine Hausaufgabe gemacht, Dein Nachtgebet nicht vergessen? Du musst morgen fit sein, die Kinder von heute müssen mehr leisten, wie die von früher. Gute Nacht, gutes Kind, widersprich nicht dem Lehrer, das macht nur Ärger. Konzentrier Dich nur auf den Unterricht, auf nichts Anderes. Du musst mithalten können, lass Dich nicht ablenken.

Was außen rum passiert, ist nicht so wichtig. Denk nur an Dein Ziel, und dass die Eltern auf Dich stolz sein können, und schreiben können, im Wochenblatt: Unser Markus oder unsere Martina war Einer oder Eine der Besten! - Vergiss nicht, jeden Tag freundlich zu grüßen, und geh Streit aus dem Weg, Du ziehst doch den Kürzeren.

Geh Kindern aus dem Weg, die böse Kinder sein könnten. Du weißt nicht, mit wem Du da gehst. Die haben vielleicht Drogen, Alkohol, oder gar Verbrechen im Sinn. Eine Freundin kannst Du immer noch haben, nach dem Abitur - jetzt darf Dich nichts ablenken, schau nach vorne, denk nur, dass wir Dich im Wochenblatt loben können!

Später wirst Du mal was Anderes wie der Vater, der am Auto rumschraubt, da wirst Du Lehrer, vielleicht sogar Arzt, aber dazu musst Du nur noch lernen, lernen, lernen! Später schauen die Eltern und die Anderen zu Dir auf, jetzt muss es erstmal umgekehrt sein, Du musst an später denken, Dein Ziel und einen festen Glauben im Blick.

Bete und arbeite, gutes Kind, und vergiss nicht Deine gute Tat, auch, wenn Du kein Pfadfinder bist! Folge diesem Ideal, dann begleitet Dich ein guter Geist, doch vergiss nicht: Du musst lernen, wie ein guter Geist an Deiner Seite geht, durch Arbeit, Ziel, Einsatz, Güte, Glauben!

Guck nicht so traurig, großes Kind, wir haben es nicht bös gemeint, Deine Eltern haben alles schon durchgemacht, und ebnen Dir den Weg - da musst Du nur noch energisch vor preschen!

Gute Nacht, gutes Kind, was hast Du gemacht, wie hast Du uns enttäuscht, Du darfst nicht schlagen, nicht den Lehrer beschimpfen, Du bist jetzt für uns ein böses Kind! Siehst Du, und in der Klasse sind noch mehr gegen Dich - zurückschlagen führt zu nichts, wer zum Schwert greift, kommt durchs Schwert um.
Du sollst aber noch einmal eine Chance haben, dann bist Du wieder ein gutes Kind - wir haben Nachhilfe, Fitnesstraining für Dich organisiert, Du brauchst neben der geistigen auch körperliche Bewegung! Du musst fit sein, hilf Dir selbst, dann hilft Dir Gott!

Mach was Du willst, böses Kind, was hast Du uns enttäuscht, was ist aus Dir geworden. Hilfsarbeiter, und Deine Klassenkollegen schauen auf Dich herab, und Du gehst stur ins Dunkle, kein Glauben und kein Ziel im Blick. Jetzt schauen Andere auf Dich herab, jetzt ist es vorbei. Was für ein Hass in Deinem Blick, wer nicht für den Klassenverbund ist, ist gegen ihn - und wir haben gesagt, misch Dich nicht ein, wenn ein Anderer Probleme hat.

Du wirst nur hineingezogen, das ist Sache der Lehrer, und dann wirst Du der Prügelknabe. Wein nicht, gutes großes Kind, Du wirkst so rührend schutzlos, und Du kannst natürlich immer noch in Deinem Jugendzimmer schlafen, wenn Du magst. Deine alten Eltern haben Dir verziehen..

© Manfred Dechert

Die Geschichte vom kleinen Kater Heinz

Also, das, was ich jetzt erzähle, ist zum Teil wahr, denn den Heinz gibt's wirklich und ich will nun mal von ihm und seinen Abenteuern berichten!
Es war ungefähr vor einem dreiviertel Jahr, als eine Familie mit Namen Maus den kleinen schwarzen Kater Heinz von einem Bauernhof holte, um endlich wieder ein Haustier zu haben, doch so wie die Mauses sich das vorstellten, dass der Kater bei ihnen bleiben würde, erwies es sich als falsche Vorstellung.
Der kleine Kater wollte nämlich nicht nur bei den Mauses bleiben, er wollte viel spielen und vor allen Dingen die Welt erkunden. Ein paar Wochen vergingen und alles schien in der Familie in Ordnung, bis eines Tages der kleine Heinz nicht mehr nach Hause kam und alle sich große Sorgen um ihn machten. Bis dahin stimmt die Geschichte, doch was dann passierte, weiß niemand so genau und deswegen hab ich mir diese Geschichte für euch ausgedacht!

Ich glaube, dass das nämlich so war:

Auf dem Bauernhof hatte der Heinz ja ganz viele kleine Brüder und Schwestern, die er anscheinend ziemlich vermisste und deswegen machte er sich wohl auf den Weg, um zu seinen kleinen Freunden zurückzukommen. Er lief bestimmt durch den Wald und so wie ich den Heinz kenne, der ja eine Menge Unsinn im Kopf hat, hat er sich bestimmt auf die Suche nach einem kleinen Weggefährten gemacht.
Im Wald gibt's ja viele Tiere und da der Heinz ein ganz Lieber ist, hat er mit Sicherheit einen kleinen Freund gefunden.
Also, der Heinz läuft durch den Wald und mit einem Male begegnet ihm ein kleines Erdhörnchen, mit dem er Freund-

schaft schließt und den ganzen Tag spielt, bis auf einmal der Heinz Hunger gekriegt haben muss und die beiden Freunde Heinz und Rosi, das Erdhörnchen, sich auf den Weg machten, um was Essbares zu finden. Auf ihrem Weg entdeckt der Heinz eine kleine Maus, die er so süß findet, dass er mit ihr auch Freundschaft schließen muss, ohne der Maus ein Haar zu krümmen. Als sie so auf Nahrungssuche sind, entdecken die drei ein Bienennest, und da Heinz und seine zwei Freunde Rosi und Paul alle drei ganz große Schleckermäuler sind, wollen sie von dem Honig der Bienen fressen und müssen schließlich flüchten, da die Bienen nicht grade freundlich auf Naschkatzen gestimmt sind. Bei ihrer Flucht vor den Bienen kommen die drei Freunde von ihrem Weg ab und verlaufen sich. Noch dazu kommt ihnen der Fuchs Füchsli in die Quere, der auch gerade auf Nahrungssuche ist, und da der so gierig ist, müssen die drei sich vor ihm in einem kleinen Erdloch verstecken, weil Erdhörnchen wie Rosi eine beliebte Leckerei auf der Fuchsspeisekarte sind. Paul, Rosi und Heinz müssen, um nicht entdeckt zu werden, bis zum Abend in ihrem Versteck bleiben, bis Füchsli nicht mehr zu sehen ist. Nach der langen Wartezeit beschließen die drei ein kleines Nickerchen bis zum Morgengrauen zu machen, da es jetzt sowieso unmöglich ist, den richtigen Weg zum Bauernhof zu finden. Am nächsten Morgen haben die drei Freunde schon ihr Missgeschick vergessen, dass sie sich ganz und gar verlaufen haben, erst als Heinz die anderen fragt, ob sie nun aufbrechen können, erinnern sich Rosi und Pauli, dass sie eigentlich gar nicht wissen, wo sie sind.

Die drei sind ratlos. Wie sollen Paul, Rosi und Heinz bloß wieder den Weg finden, fragen sie sich und Heinz ist ganz traurig, da er ja zu seinen Brüdern und Schwestern will. Da der Heinz traurig ist, werden seine beiden Spielkameraden auch ganz traurig, bis Pauli, die schlaue Maus, eine Idee hat: „Warum fragen wir nicht einen Vogel nach dem Weg zu deinem

Bauernhof, der weiß bestimmt den Weg", sagt er zu Heinz. Heinz ist begeistert: „Das ist die Lösung", jubelt er und fängt vor Freude zu schnurren an.

Die drei rufen also einen Vogel, den Hansi, herbei und der zeigt ihnen schließlich den Weg zum Bauernhof, indem er ihnen den Weg vorfliegt. Die drei folgen dem Vogel, bis sie endlich an der Scheune des Bauernhofes sind, in der die ganzen schwarzen kleinen Verwandten von Heinzi leben und als sie den Heinz erkennen und merken, dass er wieder bei ihnen ist und für immer mit ihnen spielt, feiern alle Kater und Kätzchen des Bauernhofes zusammen mit Paul und Rosi ein ganz großes Katzenfest.

Ende

© **Uwe Kraus**

Moses und Buddha der Tiere

Moses
der Tiere ...
goss es
fein säuberlich
in Stein ...
Damit ...
gesund
bunt
und
fit ...
Darüber meditiere ...
der Buddha
der Tiere ...
Und alles ...
ganz
fein
säuberlich
aufschreibe.
Ohne dass er dabei ...
etwa
zu frei ...
über - treibe ...
oder unter - treibe.
Solches unter - bleibe ...
grollte Gott ...
und drohte mit Kirchen- bis Schöpfungs-Bankrott...
bis hin ...
zum blutigen Schreiber Ruin ...
am Schaffott!
Denn fürwahr, Maria
und Hans ...
sollten sich dereinst mehr als wie ganz gut in der Spur
unser aller Natur

auskennen ...
Tiere, Pfanzen ...
und die ganzen ....
Steine benennen
können. Denn alle haben ...
die gleichen
Gaben
von Gott bekommen.
Die Bösen
und die Frommen...
Damals war noch keine Rede vom Erlösen
vom Bösen ... Die Teufelchen als Engelchen mit diesen fried-
lich dahin dösten.
Könnte das nicht bis heute ...
all die Leute ...
die guten Juden ...
wie die vermeintlich verschlagenen Araber ...
die neueren ...
zu teuer treuen ...
Deutschen trösten?
Deswegen ...
für diesen Segen
Gottes ...
Goß es
der Moses
der Tiere
fein
säuberlich
in Stein.
Da war noch verschlossen die Tür ...
in Richtung Moralin säuerlich
zu argumentieren ...
bis lamentieren.
All dieses Grauen ...

konnte
der Buddha
der Tiere da
noch nicht schauen.
Niemand hatte begonnen ...
die Welt zu verbauen ...
Niemand verloren
oder gewonnen.
Alle waren gleich auserkoren ...
zum Guten ...
nicht im Streit
und Leid
an- wie mit- einander sinnlos
bloß ...
grausam roh zu verbluten!
Langweilig fade Stunden ...
gab es noch nicht...
Denn Schule und Kinder Garten
waren noch nicht erfunden!
Alles war voll
... wie Liebes toll ...
von zartem
Pflanzen Wuchs...
Es gab keine Angst, noch Arglist zwischen Gans
und Fuchs!
Ohne Furcht ...
vor des Leibes Frucht
Folgen liebten einander Maria und Hans!
Hier kommt zu Ende...
dieses Gedicht...
in Form dieser Wortspende...
und Frage...
Die sein Schreiber wage-
Ob es gelänge ...

den Bösen samt
den Frommen? ...
Ebenso erlöst wie verdammt...
zum Anfang zurück zu kommen?
Als da der Moses
der Tiere
goss es
fein
säuberlich ...
keine Spur Moralin säuerlich ...
in Stein ...
für den Buddha
der Tiere... fürwahr...
War
da
ein Gesetz
allen bekannt,
das niemand
verletz'?
Waren das Tier,
die Tiere und wir
enger miteinander verwandt?
Waren Moses,
wie der Buddha und Gott ...
ohne zu drohen mit Tod am Schaffott ...
Schimpanse, Orang Utan
und Gorilla von Anfang an
am Ende eine Person,
in der ein Geist
wohn'?
Wie es heißt
in der Schrift,
die versank in des Flusses blutiger Drift ...
Was als Sünde ...

heute jede Gemeinschaft der Religion ...
wie damit ...
so
Heils froh ...
und fit
gerade die Kirche verkünde!
Wehe ..
wer all das sehe ..,
und verstünde ...

© Thomas Dungl

© Thomas Dungl

Leeres Insektenhotel

Erste Gänseblümchen
am Neujahrsmorgen pflücke ich
Feuerwerksreste

Flussmüll
ein Künstler auf der Durchreise

Radausflug ins Grüne
auf der Faschingsparty bin ich
ein Eisbär

Auf dem Skihang
weiße Krokusse

Sommerrodelbahn
im Februar dieses Jahres
der Millionste Besucher

Kreuzfahrtschiffsreise
der Himmel verdunkelt sich

Wolkenbruch
in der Krankenhaustiefgarage
kein Platz frei

Straßenüberquerung

das Wasser steigt die Stufen hoch

Tsunami
wir müssen zusammenhalten
sagt ein Kind zum Bruder

Mein Nachbar und ich
im Morgenstau

Am hiesigen Trottoir
die Enkel der Revoluzzer
zur Europawahlparty

Fridays for future
zuerst eine Vorstellungsrunde

Grünstreifen
die Stadt ruft den
Klimanotstand aus

Leeres Insektenhotel
die Trockenheit meines Gartens

Stadtwaldbegehung
die schlimmsten Schädlinge
...

Generationenvertrag
auch ich greife zum Mikrofon

Lauthals gerufen
wir sehen dem Straßenausbau zu
und weinen

Wieder gescheitert!
ich ziehe mich zurück

Graues Kochbuch
ich lese zum ersten Mal
von Tofu

Brennnesselmahlzeit
war das schon alles?

© Birgit Heid

Ein Spaziergang

Albert verließ die Straßenbahn an der Endhaltestelle als einer der letzten Fahrgäste und ging an der Ausfallstraße entlang seiner Wohnung entgegen. Die Tram stand noch eine Weile wie ein erleuchtetes Felsenband in der Dunkelheit einer Steilküstenbucht, die durch den hohen Bahndamm gebildet wurde, bevor sie in einer Schleife zurück fuhr. Alberts Mantel und Tasche waren anthrazitfarben und passten sich mit Alberts müdem Gesichtsausdruck perfekt der Umgebung an. Er sah und grübelte vor sich hin, denn ab und zu beschlichen ihn untergründig mulmige Zweifel an der Sinnhaftigkeit seiner Tätigkeit als Bankangestellter. Zwei weitere Fußgänger waren bereits an der Ampel auf die andere Straßenseite verschwunden, nur sein Weg verlief weiter geradeaus unter der Bahnunterführung hindurch, in dem er wegen der teilweise ausgefallenen Beleuchtung allmählich unsichtbar wurde und verschwand.

Am Ende des Tunnels dämmerte der Morgen, und Amselrufe zupften an seinen Gedanken. Er war nur einige hundert Meter nach dem Eisenbahntunnel gegangen und stand auf einer schmalen Wiese, hinter der ein Bach entlang plätscherte. Das Grün unter seinen Schuhen verbreiterte sich, und weiter hinten lagen bunt belegte Picknickdecken ausgebreitet, an deren Ränder sich verschiedene Familien vergnügten. Albert rieb sich die Augen und Ohren. Dieses Lachen der Kinder und Erwachsenen hatte er seit Jahrzehnten nicht gehört, es konnte kaum echt sein. Waren die Menschen, die er in einiger Ent-

fernung sah, womöglich Marionetten oder Roboter? Albert
näherte sich unauffällig, und als er hinter dem Rücken eines
Mannes vorbei ging, spürte er dessen Wärme. Die Leute rede-
ten und amüsierten sich, und er verstand einige Satzfetzen.
Sie beachteten ihn nicht, denn sie hatten seine Verunsiche-
rung bemerkt.

Dieser erste Eindruck versetzte Albert in einen unruhigen
Zustand. Noch immer konnte er nicht glauben, dass an einem
normalen Werktag die Menschen in aller Ruhe im Grünen
frühstückten. Links des Weges breiteten sich wogende Ge-
treidefelder aus, ein Anblick, den er nur aus nostalgischen
Heimatfilmen kannte. Nach einer Weile kam er an einer
Gruppe von Tischen und Bänken vorbei, an denen ein paar
Leute darüber debattierten, wie der Schulunterricht weiter
verbessert werden könne. Albert hörte, dass in der Schule der
Verstand, der mitmenschliche Umgang und auch Philosophie
wichtige Bereiche seien. Jeder in der Diskussionsrunde kam zu
Wort und eine Frau protokollierte das Gesagte. Hin und wie-
der blickten sie kurz zu Albert auf. Er kratzte sich verlegen den
Rücken und erinnerte sich vage an seine eigene freudlose und
teilweise schmerzhafte Schulzeit, in der nur das winziges Lä-
cheln eines Lehrers Anlass zu Hoffnung auf angenehme Schul-
stunden geben konnte. Alberts Freude über diese Begegnung
hier an der Tischgruppe wandelte sich nach kurzer Zeit in
Zweifel und Wehmut.

Unser Spaziergänger kam in ein größeres Dorf, wo er von den
Menschen freudig begrüßt wurde. Sie wussten bereits von
seiner Ankunft oder taten zumindest so. Ein jüngerer Mann

kam auf ihn zu und fragte ihn nach seinen Wünschen und danach, ob er eine Bleibe suche oder im nahe gelegenen Gasthaus ruhen wolle. Nicht recht wissend, wie ihm geschah, nickte Albert beinahe unmerklich, und der junge Mann begleitete ihn. Dem Gastwirt Hugo rief er fröhlich zu, dass sein Begleiter auf seine Kosten drei Tage lang ruhen und sich verköstigen könne, und der Wirt trat ihm mit einem vertraulichen Handschlag entgegen.

"Jeder bezahlt hier, was er für angemessen hält", erklärte er dem erstaunten Albert. "Wir verdienen das Nötige und zahlen untereinander meistens mit Gegenleistungen. Wir kennen uns alle ganz gut und wissen, dass wir uns vertrauen können. Nicht jedem gleichermaßen", setzte er einschränkend nach. "Manche haben auch länger zu lernen, dass der Gemeinnutz über dem Eigennutz steht. Aber bis jetzt hat jeder früher oder später selbst erfahren, dass die Vorteile klar auf der Hand liegen." Albert wusste so schnell nicht mit diesen Informationen anzufangen und rieb sich scheinbar müde die Augen, was ihm ein wenig Zeit zum Nachdenken ermöglichte.

„Dann lebt ihr ja ganz anders, als in meiner Stadt und im ganzen Land!" Hugo nickte und grinste. Albert wusste nicht, ob er sich darüber freuen oder misstrauisch sein sollte, ob ihm da nicht ein neues Gesellschaftsmodell präsentiert wurde, das wie alle Formen des Zusammenlebens seine Haken und Ösen hatte und früher oder später zum Scheitern verurteilt war. Ihm fiel die Athener Republik ein, plötzlich sogar die Räterepublik, der unsägliche Kommunismus und am Rande auch ein paar Informationsfetzen über ursprüngliche Völker im

Dschungel. Dem Gastwirt war Alberts Ratlosigkeit nicht ent-
gangen und er schlug vor, ihm erst einmal eine kräftige Boh-
nensuppe zuzubereiten. Als sie gemeinsam gespeist hatten,
begann Hugo von Neuem:

„Das alles funktioniert nur, weil wir uns gut kennen. Wir wis-
sen aber auch, wer sich lieber zurückziehen möchte oder wer
sich gerne nach vorne drängt. Jeder bringt sein eigenes Natu-
rell mit, ist ja klar. Manche aus dem Dorf machen auch Erfin-
dungen und werden dafür von der Gemeinschaft entspre-
chend belohnt, je nachdem, ob ihre Idee nutzbringend oder
vielleicht am Ende sogar schädlich ist. In diesem Fall werden
sie bei ihrer Vorstellung von dem mangelnden Nutzen ihrer
Erfindung überzeugt und angespornt, eine bessere Lösung zu
entwickeln, die wir dann entsprechend vergüten. Ich sitze
nämlich auch gerade über einer Erfindung", schmunzelte er.
„Solche Ideen besprechen wir ausgiebig in öffentlichen Ver-
sammlungen".

Natürlich schreiben wir auch nicht alle Leistungen und Gegen-
leistungen auf, denn – ich wiederhole mich - wir vertrauen
uns. Nur größere Entscheidungen werden protokolliert und
ein Jahr lang aufgehoben, bis der jeweilige Entschluss in den
Alltag eingezogen ist. Die viele Aufschreiberei, Rechnerei und
Gegenrechnerei führt doch nur zu Neid und Eigennutz. Ge-
rechtigkeit ist übrigens nicht das gleiche wie Gleichheit", fuhr
Hugo fort. „Nicht jeder kann gleich viel leisten, und es gibt
wie gesagt auch Menschen, mit denen der eigennützige Gaul
durchgeht. Nun ja", setzte er fort, "bei kleinen Verfehlungen
unserer Dorfbewohner drücken wir gern ein Auge zu und

denken bei der Gelegenheit an unsere eigenen Schwächen, aber bei gröberem Fehlverhalten diskutieren wir mit dem Übeltäter zusammen über die Ursachen seines Verhaltens, seine Gedanken und Nöte. Wir tragen Sorge, dass sein Befinden auch ohne die Verfehlung auf der Sonnenseite bleibt. Mein Koch, beispielsweise, war früher ein kämpferischer Bursche, dem das Messer manchmal etwas locker saß. Nur als Drohgebärde, versteht sich! Nun hat er das beste Küchenwerkzeug und ist stolz auf seine ausgefallenen Speisen. Wir geben einem Übeltäter eine handwerkliche Arbeit und Anerkennung. Das hat, bis auf wenige Ausnahmen, noch immer funktioniert. Aber wir haben auch sehr gute und mit allen menschlichen Wassern gewaschene Ärzte hier wohnen."

Albert fiel es trotz dessen gelegentlicher Wiederholungen schwer, Hugo geistig zu folgen. Er konnte sich nicht im Geringsten vorstellen, dass es unter den Leuten keinen Streit geben würde, dass man sich stets vertraute und dass niemand Not litt oder zu kurz kam. Er hatte den Eindruck, er sei auf einem anderen Stern gelandet, und die Leute seien doch keine echten Menschen. Roboter oder Marionetten waren sie zwar offenkundig nicht, aber waren es richtige menschliche Wesen? Ohne Streit und Kümmernisse, würde einem da nicht sehr viel fehlen? Wäre es nicht zumindest langweilig? Wäre das Leben dann vollkommen gleichgültig? Anerkennung ist ja gut und schön, aber was wäre das Leben ohne das Wissen, mehr Geld als der dämliche Nachbar zu verdienen? Albert wurde beinahe übel vor der Vorstellung und er musste sich erst einmal anlehnen. Der Wirt reichte ihm einen selbst gekelterten und äußerst wohlschmeckenden Apfelsaft, an dem sich Albert erfrischte.

„Manches, was wir herstellen, ist Kunst," brachte er Albert auf andere Gedanken. Und er führte ihn durch die Gaststube und zeigte ihm Kunstwerke an den Wänden und Skulpturen in den Ecken aus Holz und Stein. Auf einem Sockel stand ein armlanger Kristall. Als Albert auf diesen geschliffenen Kristall zeigte, erklärte ihm der Gastwirt: "Natürlich können wir hier nicht alles selbst herstellen, sondern müssen es zukaufen. Dann lassen sich unsere Leute aber die Herstellung und die Werkstätten zeigen. Wir dulden nämlich nur Gegenstände und Handlungen, die möglichst im Einklang mit der Natur stehen. Alles andere schädigt auch den Menschen. Dadurch verzichten wir zwar auf einigen materiellen Luxus, fühlen uns aber dennoch äußerst bereichert. Unsere Zauberworte sind Natur, Nachdenken, Freude und Gemeinschaft. Und den Kristall haben wir vor vielen Jahren von durchreisenden Leuten geschenkt bekommen. Wenn man die Hand auf ihn legt, durchströmt einen die Urkraft der Erde."

„Und", erwiderte Albert zögernd, „nochmal zur Gemeinschaft: Wer ist eigentlich euer Bürgermeister?"

Hugo schmunzelte. Er wusste, dass sich die meisten Menschen, die von anderen Gegenden vorbei kamen, ihre Art des Zusammenlebens nicht im mindesten vorstellen konnten.

„Wir haben keinen Bürgermeister, sondern die von uns gewählten Vertreter sind immer Frauen. Sie heißen Bürgerfrau, Naturfrau und Sachfrau, und sind untereinander gleichberechtigt. Unsere Erfahrungen haben gezeigt, dass Frauen im Hinblick auf Bürgerwohl und Gerechtigkeit die besseren Fähigkeiten haben. Das uralte Wissen urgeschichtlicher Völker hat sich auch in unseren Zeiten bestätigt. Wir Männer haben dadurch unsere manchmal vorhandene – er räusperte sich – unterschwellige Arroganz und unser übersteigertes Selbstbewusstsein beinahe aufgegeben. Naja, beinahe!Unsere drei Obfrauen suchen sich im Zweifelsfall ihre männlichen Berater, und das wissen wir Männer durchaus zu schätzen.

Ein bisschen Salz braucht aber jede Gesellschaft." Er grinste. „Doch einen Geschlechterstreit gibt es bei uns nicht lange."

„Wieso nicht lange?", wollte Albert zögernd wissen.

„Unstimmigkeiten zwischen Männern und Frauen lösen wir auf angenehme Weise. Wir klären und reden, bis der Zwist beseitigt ist, und wir entspannt auf dem Lager liegen", schmunzelte Hugo.

„Wie das? Was ist mit Ehe, Eifersucht und Moral?" Albert musste sich wieder setzen.

Hugo atmete tief durch. „Partnerschaftliche Lebensverhältnisse werden immer wieder neu besprochen. Anfangs bestimmt ja die gegenseitige Anziehung die selbst gewählte kuschelige Enge in einer Beziehung. Wenn die Jahre vergangen und die Kinder größer sind, wird die Beziehung neu geregelt. Vor allem aber verzichten wir auf feste Geschlechterrollen." Und Hugos Zeigefinger schnellte in die Höhe. „Die Partner wissen natürlich, was sie aneinander haben, aber – er räusperte sich wieder – sie gestatten sich auch weitere Erfahrungen, das, was ihr Seitensprünge nennt."

„Was?", entrüstete sich Albert.

„Ja", meinte Hugo gelassen. „Einerseits können wir unsere Bindungen gut einschätzen, weil wir natürlich auch darüber reden, andererseits wissen wir um die Vergänglichkeit der Liebe. Vor allem wissen wir Liebe, Freundschaft und Sex zu unterscheiden. Es steht jeder und jedem frei, an seiner Beziehung festzuhalten, und die Entscheidung sollte immer sehr bewusst gefällt werden. Die Gestaltung einer Beziehung obliegt denjenigen, die sie eingehen, und glaube mir mein Freund, die Menschen wissen sehr gut damit umzugehen. Sie brauchen keinen Moralapostel, weder Staat noch Religion. Die Erde ist unsere Gottheit und das naturgerechte Leben unsere Religion. In der Gemeinschaft meistern wir auch so manche Trennungen und suchen nach Trost und Anerkennung. Oft entstehen daraus Theatergruppen, in denen sich auch die Zuschauer wieder erkennen können. Das Leid lässt sich auch in einer glücklichen Gesellschaft nicht ganz ausradieren, doch gemeinsam erträgt es sich erheblich besser."

Die angeblich vorteilhafte Sache mit den drei weiblichen Chefs sah Albert nicht ein. Er war aber auch einer von altem Schrot und Korn und an überkommenen Vorstellungen verhaftet. Sein Leben verlief in festen Bahnen, den Inhalt seiner Arbeit bestimmten seine Vorgesetzten, und seine Freizeitaktivitäten beschränkten sich auf die Boulevard-Zeitung, seinen Haushalt, ein paar Kartelbrüder und das Fernsehprogramm. Seit einigen Jahren war er alleinstehend, seit er sich einmal erlaubt hatte, ohne seine Freundin nach Thailand zu fliegen. Wie eng kam ihm plötzlich sein altes Leben vor. Für Musik, Theater und Kunst hatte sich Albert zeit seines Lebens kaum interessiert.

„Ja, eben sind Musik und Bildende Kunst dazu hilfreich, wenn es bei unseren Diskussionen allzu kopflastig wird. Außerdem hat der eine oder andere schon mal das Empfinden, dass solche ausdiskutierten Übereinkünfte arg viel Zeit verschlingen und wird allmählich ungeduldig. Dann können wir durch Kunstausübung zeigen, dass die Zeit nicht wichtig ist, sondern dass Glücksgefühle das A und O sind. Wir legen dann sogenannte Kunstpausen ein, in denen Papier, Farben und Pinsel das Sagen haben. Da kommen selbst die Unruhigsten wieder auf die Spur. Oft werden sie begeisterte Künstler, und das ist sehr gut so."

Durch das Fenster hörte Albert in der Ferne Gitarre- und Flötenmusik und sah, dass einige Kinder in die Richtung der Musik liefen und die Arme in die Luft warfen.

„Und wie organisiert ihr eure Berufe und eure Arbeit?", wollte Albert, neugierig geworden, wissen.

„Jeder von uns ist ein freier Mensch mit seinem Naturell und seinen Fähigkeiten. Genau das empfinden wir als den Sinn des

Lebens: Das zu tun, was uns Freude bereitet und damit der Gemeinschaft den größtmöglichen Nutzen zu bringen. Wenn eine angebotene Arbeit nicht benötigt wird, spricht der Anbieter mit seinem Interessenten und einigt sich auf etwas anderes oder er findet einen anderen Abnehmer seiner Arbeitskraft. Nur was man wirklich gerne macht, gelingt auch wirklich gut. Nicht nur Handwerker und Künstler, sondern auch Lehrer, Wissenschaftler und Tüftler wohnen hier bei uns. Unsere Lebensfreiheit bedeutet jedoch nicht, dass wir für unsere Mitmenschen keine Verantwortung übernehmen. Aber das hast du sicher schon verstanden. Im Zweifelsfall geht die Verantwortung füreinander vor. Und wenn sich jemand zu sehr belastet fühlt, spricht er oder sie es in der Gruppe an und wird auch Hilfe bekommen. Wichtig ist, dass man darüber redet und außerdem immer bereit für Neues bleibt.

Albert konnte mittlerweile halbwegs verstehen, wie die Leute hier zusammen lebten, aber vorstellen konnte er sich die Wirklichkeit eines solchen Lebens doch nicht. Obwohl ihm Hugo viele verständliche Beispiele aufgezeigt hatte, (denn er redete nicht in Schlagworten, wie viele der Gesellschaftskritiker und Utopisten, von denen er schon irgendwann vor vielen Jahren einmal gehört hatte), konnte sich Albert noch nicht zusammenreimen, ob all dies auch stimmig zusammenpasste. Er spürte, dass es in diesem Dorf den Menschen offenbar sehr daran gelegen war, miteinander einvernehmliche und zufriedenstellende Lösungen zu finden, die sie auch stolz machen konnten, ein Teil davon zu sein. Die viele Zeit, die sich für ihre Besprechungen benötigten, sparten sie auf der anderen Seite an Missverständnissen oder an unnützen oder gar schädlichen Dingen. Und wie vieles war im Leben doch verzichtbar! Außerdem bekam man Übung im Problemlösen. Daran konnte eigentlich nichts verkehrt sein.

Hugo zeigte Albert nun sein freundlich eingerichtetes Gästezimmer. Morgen um neun Uhr gäbe es Frühstück, wenn es recht sei, und um zehn Uhr fände auf dem Dorfplatz eine Versammlung statt, an der er gerne teilnehmen könne, erklärte er dem Neuankömmling.

Nachdem Albert sich erschöpft auf sein Bett gesetzt hatte und sich daran machte, alle Erläuterungen in sein Notizbüchlein zu schreiben, welches er jedoch bald wieder aus den Händen legte, wusch er seinen verschwitzten Körper, zog sich frische Kleidung an, die für die Gäste im Schrank hing, verließ das Gasthaus und drehte eine Spazierrunde über den nachmittäglichen Dorfplatz. Er setzte sich auf eine Bank am nahe gelegenen Bach, an dem er seine Gedanken zu glätten versuchte. Bald kamen ein paar Jungen, die sich zu ihm setzten und ihn neugierig nach seiner Herkunft fragten, bevor sie sich an Seilen über den Bach schwangen. Albert dachte darüber nach, woher er denn eigentlich kam. Da gab es einen Punkt, an dem sich die Erinnerung über Einzelheiten seines früheren Lebens verlor. Es war ihm ein Stück weit gleichgültig geworden.

Als es ein wenig kühler wurde, ging er zurück ins Gasthaus, das sich mit weiteren Dorfbewohnern gefüllt hatte. Muntere Gespräche und Gelächter waren zu hören, und Albert erinnerte sich an die Familien um die Picknickdecken am Vormittag. Er genoss ein überbackenes Nudelgericht, nicht ohne die ersten Bekanntschaften zu schließen. Er freute sich, den jungen

Mann vom Vormittag unter den Gästen zu entdecken. Einige Stunden später und mit vielen Eindrücken bereichert ging er zu Bett. In der Nacht wurde er von leidenschaftlichen Träumen erfasst.

© **Birgit Heid**

Paradiesgedanken

Man sagt, das Herz des Menschen sei düster
Dunkel und ohne Frieden
Es suche stets seinen eigenen Vorteil
Rücksichtslos, heillos
Gottes Gnade, ist sie groß genug?
Kann sie Rettung bringen?
Die Herzen in Licht hüllen?
Schützend sie in die Arme schließen?
Ihnen Harmonie in die Seele legen?
Ist es wirklich wahr?
Von einer neuen Zukunft wird gesprochen
Menschen, die in Eintracht verweilen
Eine Welt ohne Waffen
Menschen die einander lieben
Das Paradies soll wieder erblühen
Doch was wird bis dahin?
Kann meine Seele so lange warten?
Ertragen Ungerechtigkeit, Not und Leid?
Des Menschen Gleichgültigkeit ?
Voran will ich schreiten mit Barmherzigkeit
Fehler verzeihen, ein jedem mein Lächeln schenken
Die Hand dem Schwachen reichen
Brot mit den Armen teilen.
Dem vernachlässigtem Kinde mein Ohr stets leihen
Und könnte so das Paradies nicht schon vor Gottes Zeit
auferstehen?
Es ist schon da, man muss nur danach schauen
Wasser so rein, es rieselt durch ungestüme Bäche
Golden wiegen sich die Ähren im Wind
Vögel schenken uns am Morgen ihre zauberhaften
Melodien
Zikaden musizieren und zeugen vom Sonnenschein

So weit das Auge reicht, Gottes Schöpfung in ihrer
Seligkeit.
Wenn im Frühling das Leben erwacht
Bäume sich kleiden in neuer Pracht
Gelb die Narzisse sich der Sonne entgegenstreckt
Lieblicher Duft alte Erinnerungen weckt
Der Sommer seine Farben austeilt
Klatschmohn und Wiesenblume in den Feldern
schimmern
Duft von sonnengewärmten Wiesen
Im Herbst das Obst an den Bäumen leuchtet
Laub in den Winden tanzt
Der erste Reif am Morgen glänzt
Mußestunde bringt der Winter
Die Erde ruht aus von getaner Arbeit
Weiß hüllt Schnee die Welt in eine Decke
Gedämpft nun alle Schritte

© **Birgit Gürtler**

Vitae - Vitalis

Autor + Autorin

In Nachfolgenden die Lebensläufe der lieben Menschen!

Bunt gewürfelt

Kristina Plenter, Gj 1981, lebt im Westmünsterland Deutschlands. Schreibt leidenschaftlich Kurzgeschichten und Gedichte. Andere Hobbys, sind das Zeichnen und Malen am Computer von ihr. Nimmt gerne an Anthologien teil.

Birgit Burkey-Dearing, Jahrgang 1965, schreibt seit 2008 Gedichte. Sie wurden in verschiedenen Anthologien veröffentlicht.
.

Mark Heydrich wurde 1977 in Zweibrücken geboren. Nach einer Maler- und Lackiererlehre sowie einem späteren Studium der Freien Kunst / Mixed Media an der HBKSaar in Saarbrücken, ist Heydrich seit 1993 literarisch tätig und hat seit 1998 mehr als 600 Lesungen und Poetry Slams in ganz Deutschland absolviert.
2009 wurde ihm dafür das Förderstipendium der Stadt Saarbrücken für Literatur verliehen.
Seither ist er für zahlreiche Institutionen im Saarland und in Rheinland-Pfalz tätig, wie etwa den Friedrich-Bödeker-Kreis, die StudienStiftung Saar, die VHS Kaiserslautern, oder die JVA Lerchesflur Saarbrücken, und gibt dort, sowohl Workshops für Poetry Slam, als auch Kurse für kreatives Schreiben. Mark Heydrich lebt in Saarbrücken.

Waldseelen Seherin wurde 1975 in Sachsen geboren, ist Mutter von fünf Kindern, hauptberuflich Unternehmerin und zudem seit 2018 selbständige Schriftstellerin.
In ländlicher Idylle wohnend, verbringt die naturnahe Autorin viel Zeit im Wald. Dort findet sie im Schatten der Bäume ihre Inspiration.

Birgit Gürtler wurde 1974 in Wiesbaden geboren, doch schon bald hat es sie in den Westerwald gezogen inmitten der zahlreichen Wälder und Wiesen. Die Lust nach neuen Abenteuern hat sie schließlich unter die Sonne Spaniens weiterziehen lassen. Hier sitzt sie gerne am Meer und lässt sich vom gleichmäßigen Rauschen in dessen Bann ziehen. Ihre Passion gilt dem Genre der Spannungsliteratur. Ob Thriller oder Abenteuerroman, ihre Geschichten verknüpft sie gerne mit Geheimnissen, Sagen und Legenden vergangener Kulturen. Kinderbücher machen ihr besonders viel Freude. Ihre absolute Leidenschaft gilt dem Schreiben.

Hans-Jürgen Schulz -
geb. 15.12.1950 - Bad - Kreuznach, Security - Man, nunmehr Rentner. Zahlreiche Gedicht - Einzelpublikationen, In + Ausland -Zeitungen, Wochenzeitungen, Literatur Zeitschriften, Magazinen, Anthologien + mehreren Gedicht - Bänden -(www.telegonos.de),usw. Seit 2000 - Eintrag im Literatur -Lexikon - Rheinland-Pfalz. Publikationen auch in Amerika, Niederlande, Italien, Israel + Österreich.

Anita Jurow-Janßen, geboren in Varel/Niedersachsen, jetzt Oldenburgerin, schreibt seit 2007 und veröffentlichte neben Gedichten und Kurzgeschichten sozialkritische Romane, einen Thriller und einen Krimi.
www.anita-jurow-janssen.de

H.L. Wüst in eigenen Worten:

Geboren bin ich am 4. 8. 1950 in Speyer und wohne seit
1972 in Gleisweiler
Berufe:
Kachelofen- und Luftheizungsbau-Meister
staatl. gepr. Heizungs- und Sanitärtechniker
14 Jahre lang öffentlich bestellter und vereidigter Sachver-
ständiger
Seit 1978 bis 2014 war ich selbstständig.
Aus gesundheitlichen Gründen musste ich meinen Betrieb
schließen.
Seit der Zeit machte ich mein selten ausgeübtes Hobby, das
Dichten und Geschichtenschreiben zu einer Leidenschaft in
meinem Rentnerdasein.
2015 veröffentlichte ich drei Bücher im BoD-Verlag:
,,,ach du liewes Lewe
...glaabscht dann des?
...bass blooß uff!
Ich bin Mitglied im Lit. Verein der Pfalz Sektion Landau
"Worthelden"

Erika Hein
Geb. 1941 in Wittenberge a.d. Elbe
Wem das Herz voll ist, dem läuft die Zunge über.
Was aber, wenn der Kopf voll ist und niemand will
davon wissen? Dann greife ich zum Stift.
Mein Lebensmotto: Kann ich nicht loben, will ich
nicht tadeln.

Alexandra Herzog Galli geboren 1964 in Zürich, in Saarbrü-
cken aufgewachsen, Lehrabschluss in Zürich 1989, seit 2002
teilzeitbeschäftigt als Koch in einer Kinderkrippe und Betreue-
rin im Schülerhort. Alexandras Leidenschaft ist das Schreiben,

ihr erstes Gedicht ist aus dem Jahr 1979. Sie schrieb einen Roman „Wiwasteka Allegra" und einige Geschichten und Gedichte. Zur Zeit ist sie an einer neuen (Fantasie-)Geschichte.

Yves Philipp Galli geboren 2000 in Affoltern am Albis, ADS-Kind, nach Schulabschluss noch ein 10. Schuljahr und ein Praktikumsjahr angehängt. Seit August 2018 in der Lehre zum Logistiker. Yves kann auch sehr schöne Geschichten schreiben, ist aber lieber in spannenden Games unterwegs.

Mick Haesty wurde am 07/10/1979 in Uster/Zürich geboren und wuchs bald schon in der Ostschweiz am Bodensee auf. Er schrieb schon früh (1994) Gedichte. Anfang 2003 fand er zurabstrakten Malerei und ein erster Gedichtband (Eine andere Welt) entstand. Seit 2004 mit der L'Artyrik unterwegs. 2008 veröffentlichte er seinen ersten Gedichtband «Ich kenne keine blauen Hunde» worauf regelmäßig weitere Lyrikbände und eine «Erzählung auf biographischer Basis» dazu kamen (s. Website). Seit 2017 lebt und arbeitet er in Deutschland. Weitere Infos zu seiner Person unter: www.mickhaesty.ch

Nina Krauß über sich:

Ich bin in Bayern geboren, heiße Nina und bin 30 Jahre alt. Studiert habe ich auch in Bayern und habe meinen Master in Sozialwissenschaften gemacht. Gearbeitet habe ich schon in der Politik und jetzt momentan arbeite ich in einem Verlag als Produkt-Managerin. Ich liebe es schon immer Gedichte zu schreiben. Besonders wichtig ist es mir, dass sie Menschen dazu ermutigen, an sich selbst zu glauben.

Ekkehard **Walter**, geboren 1960 in Singen am Hohentwiel, lebt in Jestetten am Hochrhein und ist von Beruf Zollbeamter. Er ist verheiratet und Vater zweier Söhne.
Als Verwalter von "Liberta-die Feder" der Heinrich Schirmbeck-Stiftung ist er Mitglied der Schriftsteller von der Rosenhöhe. Seine überwiegend heiteren Gedichte finden sich in zahlreichen Foren und vereinzelt auch in Anthologien.
Mit "Ein Zöllner wie Matthäus", erschienen 2017 im Projekte Verlag Hahn, Literaturbüro Gerbstedt ein Gedichtband und nun "Glücklich verwurzelt", erschienen am 29.03.2019. Im Gill-Verlag Ratingen hat er bereits zwei eigene Lyrikbücher veröffentlicht.
Darüber hinaus fungierte er als Co-Autor bei "Verbrechen lohnt sich - per Gedicht" zusammen mit Axel Englert und Denis Abent sowie im Gemeinschaftsprojekt "Bild findet Worte" des Herausgebers Walter Zeis.

Florian B. (geboren 1990) lebt in Erlangen, wo er die französische und lateinische Sprache und Literatur studiert hat. 2015/16 studierte er als DAAD-Stipendiat für ein Jahr in Paris.

Annerose Scheidig, geboren in Bayreuth, lebt in NRW, Schriftstellerin, schreibt Kurzprosa und Lyrik, eigene Bücher, Stipendium bei der Cornelia Goethe Akademie, Mitglied beim „Offenen Autorenkreis Reken e. V."

Yazmeen LaFleur stammt aus einem Vorort östlich von München. Das Gedichteschreiben hat sie bereits im Alter von 15 Jahren begonnen. Die Werke von Pessoa und Baudelaire sowie die portugiesischen cantigas haben sie zu dem einen oder anderen Gedicht inspiriert, und sie weiter dazu bewegt, sich mit eher düsteren Aspekten des Gesellschaftslebens auseinanderzusetzen bzw. gewisse Stilmittel zu verwenden. Seit 2014 veröffentlicht sie Gedichte auf ihrem Blog.

Heinz Rochholl über sich selbst:

Ich bin inzwischen in der 60er Alterskohorte angekommen, verheiratet, habe zwei Töchter, einen Enkel und habe den überwiegenden Teil meiner bisherigen beruflichen Laufbahn als Dipl.- Pädagoge in der Bildungsarbeit und später auch in der therapeutischen Arbeit, sowie als Psychologiedozent verbracht. Im Jahre 2014 habe ich diesen Job aufgegeben und einen Traum verwirklicht: Ich habe einen Verlag gegründet, den Telegonos-Verlag.
Ich liebe die Natur und besonders 'meinen Wald', in dem ich mich gerne und leider zu selten bewege. Die Natur braucht uns nicht, aber wir die Natur, gebe ich gerne Einstein Recht und mit ihm zu bedenken.

Silvia Meck, geboren 10. April 1970 in Heidelberg. Autorin, Malerin und Recovery Coach. Fachwirtin im Sozial- und Gesundheitswesen IHK, Genesungsbegleiterin EX-IN, Hospizhelferin

Günter Vallet, geboren am 24.04.1940 in Köln, lebt heute in Krefeld. Beamter im Ruhestand. Veröffentlicht Gedichte auch in Zeitschriften und dem Internet.

Jürgen Wagner *1957, Studium der Theologie und Philosophie in Tübingen, Jerusalem und Hamburg.

Promotion über 'Gelassenheit bei Meister Eckhart und Martin Heidegger'. Zen-Studium in Deutschland, Holland und den USA. Evangelischer Pfarrer und Kursleiter in Baden-Württemberg, heute im Vorruhestand. Veröffentlichungen in Lyrik, Märchen, Natur und Spiritualität. - Homepage: www.liederoase.de

Horst-Jürgen Fiedler. Geboren am 22.07.1966 in Kaiserslautern. Verheiratet, zwei Kinder. Mittlere Reife und anschließend Ausbildung zum Bürokaufmann. Mehrere berufliche Tätigkeiten. Aktuell beschäftigt beim Internationalen Bund. Zuständig für die Standorte Landstuhl und Kusel. Ehrenamt: Beratung von Pfarrern und Gemeinden im Auftrag des Oberkirchenrates der ev. Kirche in Speyer. Romanveröffentlichung „Das Boot" , Lesungen und Auftritte, veröffentlicht bald sein zweites Buch bei Telegonos. Künstlername: **Vincent Camuzzi**

Thomas Schärfke, geboren 1983 in Wolmirstedt. Autor bei Tomme Stories und SiblingsBooks. Erstlingswerk: 50 Briefe an Hilde - Mein Kampf gegen den Krebs der Seele

Pascal Hilgendorf über sich:

Mit Mitte 20 las ich ein Zitat von Erich Kästner, das mich so sehr bewegte, dass ich zu mir selbst sagte : so etwas würde ich auch gerne können, den Leser berühren. Ich fing dann sofort an Gedichte zu schreiben. Das Anfertigen von meinen ersten Zitaten gelang mir erst mit 24, was mir viel Freude bereitet! Heutzutage bin ich 30 und ich hoffe mir bleiben noch viele Jahre um die Leser zu berühren...

Chris Peter (aka *DerPoet*) geb. 1965 im steirischen Feldbach, lebt in Graz (Österreich) Freier Autor, schreibt seit seinem 18. Geburtstag Poesie und Gedichte, 2. Platz in der Kategorie "Kunst & Literatur" im Feber 2017 bei Besucher-Award.de

mit der Facebook-Seite:

http://www.facebook.com/PeterDerPoet

Andreas Fillibeck lebt und arbeitet in Kaiserslautern; verschiedene Buchveröffentlichungen, Hörbuch „Oh wurste Welt", Deutschlandfunk, SWR, Freie Presse, Chaussee, Editionen Passagen oder Panorama, Die Rheinpfalz; Lesungen u.a. in München, Emden, Ludwigshafen, Saarbrücken, Mannheim oder Kaiserslautern. Im Lutrina Verlag ist sein jüngstes Werk "Robbenspeck an Gift und Galle - ein satirisches Kochbuch" erschienen.

Andreas Dury wurde 1961 im oberbayrischen Penzberg geboren und wuchs im pfälzischen Dahn auf. Er studierte Philosophie, Geschichtswissenschaft und Germanistik in Tübingen, München und Berlin. Anschließend absolvierte er eine Ausbildung zum Programmierer. Zwischen 1987 und 1991 war Dury zeitweilig Redakteur bei MINERVA – Zeitschrift für Notwehr und Philosophie. 1999 veröffentlichte er sein literarisches Debüt *...als ich in die Stadt kam* und wurde für die darin enthaltene Erzählung *Grünmann, das metropolitanische Subjekt* mit dem Georg-K.-Glaser-Preis ausgezeichnet.[4]

2001 bis 2014 war Dury Mitherausgeber der Literaturzeitschrift STRECKENLÆUFER. Seit 2001 ist er Vorstandsmitglied im saarländischen Landesverband des Verbands deutscher Schriftstellerinnen und Schriftsteller.

- 2005 Sonderpreis des Sketch- und Geschichtenwettbewerbs Dillingen an der Donau
- 2003 Buch des Jahres (Rheinland-Pfalz)
- 2003 Martha-Saalfeld-Förderpreis
- 1999 Georg-K.-Glaser-Preis

Maja Loewe wurde 1977 in Lübeck geboren. Am Meer entdeckte sie die Sehnsucht nach der Ferne und dem Schreiben. Sie machte das Abitur, lernte in einem kleinen hanseatischen Betrieb, packte die Koffer, servierte Orangensaft über den Wolken und führte Touristen durch Venedig. Nach dem Studium der Kulturwissenschaften an der Universität Hildesheim zog sie nach Hannover. Dort arbeitet sie in einem interkulturellen Projekt als Sprachförderkraft und lässt sich jeden Tag aufs Neue von kreativen Menschenkindern inspirieren.

Auszeichnungen
Preisträgerin des Hildesheimer Lyrikwettbewerbes 2014, Preisträgerin des Wettbewerbes Gedankenwildwuchs 2014, Unter den besten 25 Kurzgeschichten aus dem MDR Literaturwettbewerb 2015, Die Augen des Iriden: Longlist Seraph Literaturpreis 2016 für bestes Debüt, Die Augen des Iriden: Drittplazierte beim Deutschen Phantastik Preis 2016 als bestes deutschsprachiges Debüt, Autorin bei Lesezeichen 2017 Hilde

Manfred Dechert, Jahrgang 1957, geboren in Kaiserslautern. Schreibt seit 1980 Kurzgeschichten, Gedichte und Szenen. Preisträger bei Mundartwettbewerben.

Elisabeth Arkana über sich:

Meine künstlerische Tätigkeit begann noch in meiner Schulzeit. Ich war bei einer Laientheatergruppe und schrieb bereits 1984 – 1986 an meinem ersten Lyrik Buch Manuskript „Küsse auf der Haut der Zeit". 3 Weitere Manuskripte folgten. 10.000 Texte und 5000 Bilder sind ungefähr bis heute entstanden, auch Gedichte und Gebete wurden in Facebook veröffenlicht, sowie autobiographische Kurzprosa.

Malgorzata Rosenblatt, seit 2015 mit ihren Büchern , „ Seelen Träume „, „ Wörter Tanz „, „ Nati und Maik" , Autorin bei Telegonos- publishing. 2019 fing sie an zu malen.

Stephan Riedl, gebürtiger Rodalber, Jahrgang 1987, hat Deutsch und Englisch auf Lehramt studiert. Er ist Asperger Autist und arbeitet als EUTB-Teilhabeberater.

Birgit Heid, geboren 1961 in Bochum, lebte 30 Jahre in Nürnberg und seit über 20 Jahren in Landau. Studium der Wirtschaftswissenschaften, Hausfrau und Minijobberin.
Erste Vorsitzende des Literarischen Vereins der Pfalz e.V. und Sektionsleiterin Landau. Mitglied der Deutschen Haiku-Gesellschaft. Sie schreibt Lyrik, Märchen und Kurzprosa.
Ein Roman. Zehn eigene Buchveröffentlichungen (meist Lyrik) und zwanzig Beiträge in Anthologien.

Wolfgang Görs, 1961 in Greifswald geboren, wohnt in Berlin. 2 Gedichtbände, Schöne und traurige Nuancen der Liebe & Bunt gewürfelt, veröffentlicht.

Vera Gniffke, Grafikerin, wurde 1981 in Rotthalmünster geboren, wo sie auch heute lebt. Sie ist studierte Kunsthistorikerin und zertifizierte Kunstgeragogin. In ihren Bildern beschäftigt sie sich vorrangig mit lyrischen sowie religiösen Sujets.

Kerstin Kant wohnt in Düsseldorf und studierte u.a Medizin, Ökologie, Philosophie und Orientalistik. Sie schreibt Gedichte und stellt ihre künstlerischen Arbeiten und Fotografien, samt ihrer geschriebenen Werke seit 2014 aus. Sie alphabetisiert und lehrt Deutsch, sowie Landeskunde im Rahmen der Integrationspädagogik.

Dagmar Herrmann Jahrgang 1946, wohnhaft in Bremen, aus einer Arbeiterfamilie im Bremer Westen stammend, ist leidenschaftliche Malerin und schreibt Gedichte und ambitionierte Texte. In Foren und eigenständigen Buchveröffentlichungen hat sie Bilder und Gedichte gebracht. Ihre Werke gibt es auch käuflich als Druck und Original zu kaufen.

Ana Maria Perez Blanco, 1967 in Heilbronn geboren, Spanierin, Nach dem Gymnasium:
Ausbildung zur Sängerin; zunächst Operngesang, dann Wechsel zum Jazz
Später überwiegend improvisierter Jazz und Avantgardejazz
1997- 2002 Kunststudium mit Schwerpunkt Musik
Frühe Lyrik mit 12 Jahren und schreibt bis Heute
Teilnahme an Wettbewerben und Gruppenausstellungen
Konzerte in Deutschland und Österreich
Veröffentlichung eines Kinderbuches mit Musik im **Rimon Verlag**

Thomas Dungl über sich:

Geboren bin ich am 02.02.1967 im nordwestlichen Weinviertel, in Hollabrunn. Meine ersten Geschichten und Gedichte handelten von Liebes Kummer, aber auch schon bald boten sie mir eine Plattform aus Papier bis Stimme - so ich wo lesen durfte - meine Art gesellschaftspolitischen Protests ...

Uwe Kraus, geboren 1979 in Kaiserslautern, veröffentlicht Prosa und Lyrik. Letzte Veröffentlichung: „Die Buchstaben, in denen ich schwimme". Bei Telegonos erschienen zwei Gedichtbände. Im Eigenverlag machte er 10 Bücher und ist von Beruf Maler und Lackierer. Er erreichte den 4. Platz beim Deutschen Gedichtwettbewerb und war in der engeren Auswahl um die Aufnahme in die Axel Springer Akademie.

Ungewisse Zukunft / Wagnis des Morgen

Für eine Zukunft des Jetzt

Die neue Anthologie zugunsten des Vereins "Ein Herz für Kinder - BILD hilft e.v.",

herausgegeben mit und von Uwe Kraus aus Kaiserslautern, versammelt 40 Autorinnen und Autoren, die in Gedichten und Prosatexten zu verschiedenen, auch gesellschaftlichen, Themen Stellung beziehen. Wenn man diese Themen einkreisen möchte, ragen Liebe und Verletzung, Umweltzerstörung, Kritik gegenüber den Mächtigen und der Amtskirche, die Sehnsucht nach Frieden und Gerechtigkeit sowie einige Erlebnisse aus der Jugend bzw. der Nachkriegszeit heraus. Die Bilder bereichern das Werk zusätzlich, sie schaffen Akzente und Ruhepunkte oder regen zum Schmunzeln an. Uwe Kraus aus Kaiserslautern ist es zu verdanken, die Initiative zu diesem Buch ergriffen zu haben! Mit sehr viel Leidenschaft haben die Autorinnen und Autoren ihre Texte verfasst, und es gebührt ihnen außerordentlichen Dank für ihr Engagement zugunsten einer guten Sache. Die Vielfalt der Texte zeigt, möchte man es gewagt formulieren, manche Facetten einer Wandlung unter Dichtern. Sie nahmen und nehmen mehr und mehr die Fäden gesellschaftlicher Entwicklungen auf, sie machen sich weitgehendere Gedanken und lassen meist die ureigenen Befindlichkeiten außen vor. Mit anderen Worten: Dichter von heute scheinen sich mehr Sorgen um das friedliche Zusammenleben und um die Zukunft unseres Planeten zu machen, als das in den letzten zwanzig Jahren in dieser Deutlichkeit der Fall war. Es kann Zufall sein. Es kann am durchschnittlichen Alter der hier gewonnenen Dichter von 50 Jahren liegen, dass das eigene Ego, dass Liebeslust und Liebesleid nicht (mehr) im unumstößlichen Zentrum der eigenen Interessen liegen, sondern, dass man sich um andere sorgt, dass man als Dichter wachen Auges nach außen schaut und deutlich formulieren möchte. Dabei sind erfrischende und bekenntnisreiche Gedichte entstanden. Das Grundkonzept von Uwe Kraus, der die Hilfsorganisation „Ein Herz für Kinder" - BILD hilft e.v.", für sein Anliegen auswählte, mag ein Übriges für die Zusammensetzung der poetischen Ergebnisse getan haben. Die Organisation fördert unter anderem Suppenküchen, Kinderkliniken, Kindergärten, Schulen sowie Sport- und Bildungsprojekte. Sie wurde 1978 vom Verleger Axel Springer und der Bild-Zeitung ins Leben gerufen, um die Verkehrssicherheit von Kindern durch Ampeln, Spielstraßen usw. zu fördern. In den folgenden Jahren sank die Anzahl der im Straßenverkehr getöteten Kinder um 90 %. Das Tätigkeitsfeld wurde in Richtung Jugendhilfe, Gesundheitspflege, Daseinsfürsorge und Hungerhilfe für Kinder erweitert. Ausländischen Kindern werden beispielsweise lebensrettende Operationen und Therapien ermöglicht. Auch der Umweltschutz und die Kultur werden gefördert. Jeder gespendete Cent kommt direkt den Kindern zugute, da die meisten Mitarbeiter ehrenamtlich arbeiten und die Verwaltungskosten durch den Verlag finanziert werden. Seit 2001 findet einmal jährlich im ZDF eine Spendengala statt.

Birgit Heid

1. Vorsitzende des Literarischen Vereins der Pfalz